Die für die vorliegende Sammlung ausgewählten jüdischen Legenden stammen zumeist aus dem Talmud. Sie sind in schöner Sprache nacherzählt von einer Autorin, die sich jahrelang mit der israelitischen Kultur- und Glaubensgeschichte beschäftigt hat. Else Schubert-Christaller (1891–1983) war die Tochter eines Pfarrers und der Schriftstellerin Helene Christaller.

»Diese Legenden zeigen das jüdische Wesen von einer ganz anderen Seite, als wir es zu sehen gewohnt sind: in ihnen zeigt sich sein Kern. Hier erzählt der Jude von sich selbst, ohne fremde Zuhörer, und wer Ohren hat zu hören, der hört. Man sieht das Innere: die Unbedingtheit, die Sehnsucht nach dem Vollkommenen, die Liebe zum Leben und die Fähigkeit zu Aufopferung, Demut und Stolz. Wer den Talmud nur aus gegnerischen Schriften kennt, wird hier erfahren, daß er etwas ganz anderes ist. Die Legenden umfassen im Hebräischen meist nur wenige Zeilen. Will man sie dem Nichtjuden erzählen, so muß dies ausführlicher geschehen. Das ist die Absicht dieser kleinen Sammlung: das Angedeutete auszugestalten und Kunde zu geben von dem Wort einer uns viel zu wenig bekannten Welt. Das Begleitwort von Albrecht Goes verbindet die zeitlosen Legenden mit unserer Zeit: ein Kämpfer für die Gerechtigkeit spricht zum Gewissen und vertieft das Verständnis.«

Deutsches Pfarrerblatt

IN DEINEN TOREN JERUSALEM

Jüdische Legenden
nacherzählt von
Else Schubert-Christaller

Mit einem Geleitwort
von Albrecht Goes

EUGEN SALZER-VERLAG HEILBRONN

SALZERS KLEINE REIHE

Band 254/255

Siebte Auflage / 1984

 Einband von Peter Schneidler, unter Verwendung einer »Ansicht von Jerusalem« aus der Schedelschen Weltchronik, Nürnberg 1493 (Historisches Bildarchiv Handke, Bad Berneck).

Satz und Druck: Offizin Chr. Scheufele, Stuttgart.

Printed in Germany · ISBN 3 7936 0581 7

Mose und das Böckchen

Als Mose die Herden Jitros hütete am Rand der Wüste, da geschah es eines Tages, daß ein junges Böckchen ihm entlief und in kecken Sprüngen gegen die Wüste fuhr. Sogleich eilte Mose nach, es zu fangen, aber er konnte es nicht erreichen, und die Sprünge des Tierchens schienen ihn zu verspotten. Immer weiter ging die Jagd über Sand und Stein, zu beiden Seiten dehnte sich immer mehr die heiße, grelle Öde der Wüste, und die Sonne brannte herab. Da ergrimmte Mose über die Mühsal der nutzlosen Verfolgung und schwor in jähem Zorn: »Fürwahr, wenn ich dich ergreife, so sollst du deine Bosheit hart büßen.«

Doch auf einmal stand das Böckchen still. Da ging Mose im Bogen, es zu überlisten und im Rücken zu überfallen und seinen Grimm über es auszugießen. Als er aber nah hinzukam, siehe, da floß aus Sand und Gestein ein helles Wasser, und das Böckchen stand und trank daraus in großen Zügen. Da sänftigte sich Moses Gemüt, und er sprach: »Hätte ich gewußt, daß du des Durstes wegen mir entlaufen bist, so hätte ich mich nicht über dich erzürnt, denn ich weiß wohl, der Durst brennt rauh und böse.« Und er stand und wartete, bis das Böckchen getrun-

ken hatte, danach nahm er es auf seinen Arm und trug es zurück zur Herde.
Da der Heilige, gelobt sei er, dies sah, sprach er: »Dieser Mann weiß die Seele seines Tieres, und er kennt Zorn und Erbarmen. Fürwahr, ich will ihm *meine* Herde geben, daß er sie weide, mein Volk Israel.«

Das Bild Moses

In alten Zeiten lebte ein König, der hörte von Mose, dem großen Führer und Lehrer der Kinder Israel, und er sprach bei sich: »Wie herrlich muß dieser Mann sein, und wie schön muß er aussehen!« Es überkam ihn der große Wunsch, Moses Angesicht kennenzulernen, und er sandte seinen Maler ins Lager der Israeliten, daß er ihm ein Bild male von Mose.
Nach der Zeit kam der Maler zurück und brachte das Bild. Und der König berief seine Weisen und sprach zu ihnen: »Deutet mir aus dem Gesicht dieses Mannes sein Wesen.«
Da berieten die Weisen miteinander und deuteten und sprachen zu dem König: »Herr, dies ist das Bild eines Frevlers, denn wir erkennen in seinem Gesicht die Zeichen von Habsucht, Ungerechtigkeit und Jähzorn.«
Der König aber ergrimmte und sprach: »Das kann nicht Mose sein, von dem ihr so redet, denn ich höre

von Mose große und wunderbare Taten, und Gott hat ihn der Anschauung gewürdigt. Nicht anders, als der Maler hat mich betrogen und mir ein falsches Bild gebracht.«

Da schwor der Maler und sprach: »Dies ist wahrlich das Bild Moses, das ich selbst nach ihm gefertigt habe getreulich und mit allem Fleiß.«

Aber der König hörte nicht auf seine Stimme und glaubte ihm nicht, er sprach: »Soll ich meine treuen Weisen der Lüge anklagen?« und warf ihn ins Gefängnis.

Danach sprach der König: »Nun will ich doch selbst hinreisen und alles mit eigenen Augen sehen.«

Und er machte sich auf und ging und kam ins Lager der Kinder Israel, da sah er Mose sitzen und das Volk um ihn her richten, und sein Ansehen war sehr herrlich. Da nahm der König das Bild heraus und verglich es mit Mose, und siehe, es glich ihm getreulich. Da näherte sich der König und grüßte Mose mit vielen Ehren und sprach zu ihm: »Wie ist das, mein Herr? Von diesem Bild haben meine Weisen gesagt: Es ist das Bild eines Frevlers, und wir sehen aus seinen Zügen Habsucht, Ungerechtigkeit und Jähzorn – und dennoch ist es dein Bild. So hat der Maler doch die Wahrheit gesprochen, und meine Weisen, denen ich vertraut habe, waren falsch gegen mich und haben mich betrogen. Denn ich weiß wohl, daß du groß bist vor Gott.«

Da antwortete Mose und sprach: »Deine Weisen haben dich nicht betrogen, sondern all die bösen Eigenschaften, die sie aus dem Bild sahen, habe ich in mir. Aber da ich gegen sie kämpfte und sie niederzwang, da wurde ich groß, und Gott hat mich der Anschauung gewürdigt. Denn wer wird groß, der nicht gegen sich selbst gekämpft hat?«

Gottes Preis

Ein schlichter Mann, ein Bauer, der mit dem Pflug wacker gegen steinigen Boden kämpfte, der den Stier an den Hörnern packte und bändigte und den schwersten Sack auf seine starken Schultern lud, stand doch in der Synagoge beschämt und betrübt, denn er konnte nicht beten. Er war in der Verbannung geboren und mit der Sprache des fremden Landes aufgewachsen, also daß er von der heiligen Sprache nichts verstand als nur wenige Worte. So stand er schweigend zwischen den Betenden, die im Rhythmus ihrer wohlgesetzten Worte Gott priesen, und er duckte sich, um die Blöße seines Geistes zu verbergen. Und sein Herz war betrübt, denn er war doch auch voll Staunen vor der Macht und Herrlichkeit Gottes und drängte, den Allmächtigen zu rühmen, den er gefühlt hatte in der Natur und dem gestirnten Himmelsgewölbe, wenn er still und nachdenkend seinen Acker bestellte oder des Nachts unter sternflammendem Himmel die Feldfrüchte bewachte.
Doch wenn dann der Vorbeter die Heiligung be-

gann, reckte der Bauer sich hoch, denn diese Worte verstand er zu sprechen, und er mischte seine rauhe Stimme in den Chor der andern und überschrie sie mit dem dreimaligen Heilig in gewaltiger Kraft. Seine Nachbarn stießen ihn an und sprachen: »Was hast du, daß du so schreist und mit deiner mißtönenden Stimme alles störst?«

Er aber antwortete: »Soll ich nicht schreien? Bis zum Rand voll ist mein Herz vom Preis Gottes, und ich habe nur diese drei Worte, es ihm kundzutun!« Und unverdrossen schrie er jedesmal in tobender Inbrunst das dreimal Heilig.

Es mußte aber Gott sein tobender Preis vor allen andern gefallen haben, denn als bald danach die Verbannten heimkehren durften in ihr Land, war jener Mann der erste, dessen Fuß den heiligen Boden betrat.

Gefährten oder Tod

Ein Weiser mit Namen Choni ging einmal über Land und sah einen Mann, der einen Johannisbrotbaum pflanzte. Er blieb bei ihm stehen und sah ihm zu und fragte: »Wann wird das Bäumchen wohl Früchte tragen?«

Der Mann erwiderte: »In siebzig Jahren.«

Da sprach der Weise: »Du Tor! Denkst du in siebzig Jahren noch zu leben und die Früchte deiner Arbeit zu genießen? Sondern pflanze lieber einen Baum, der früher Früchte trägt, daß du dich ihrer erfreust in deinem Leben.«

Der Mann aber hatte sein Werk vollendet und sah freudig darauf, und er antwortete: »Rabbi, als ich zur Welt kam, da fand ich Johannisbrotbäume und aß von ihnen, ohne daß ich sie gepflanzt hatte, denn das hatten meine Väter getan. Habe ich nun genossen, wo ich nicht gearbeitet habe, so will ich einen Baum pflanzen für meine Kinder oder Enkel, daß sie davon genießen. Wir Menschen mögen nur bestehen, wenn einer dem andern die Hand reicht. Siehe, ich bin ein einfacher Mann, aber wir haben ein Sprichwort: Gefährten oder Tod.«

Er wandte sich und ging hinweg, aber Choni zuckte die Achseln zu dem Spruch, denn es war ungelehrter Leute Weisheit. Und er setzte sich in den Schatten eines Felsens nah bei der Stätte, um zu essen, denn es war Mittagszeit, und als er gegessen hatte, wurde er müde und schlief ein. Als er aber schlief, da geschah ein Wunder: der Fels wuchs um ihn herum und schloß sich zu einer Kammer, also daß niemand ihn sah, und er schlief so siebzig Jahre.

Nach der Zeit aber tat sich der Fels wieder auf, und der Schlafende erwachte. Er sah umher, und siehe, anstelle des Bäumchens war ein großer Baum, und ein Mann stand unter ihm und aß von seinen Früchten. Der Weise trat hinzu und fragte: »Sage mir, hast du nicht diesen Baum gepflanzt?«

Er aber antwortete: »Nein, mein Großvater hat ihn

gepflanzt, und dieses Jahr essen wir zum erstenmal seine Früchte.«
Da erkannte Choni, daß er siebzig Jahre geschlafen hatte, und er erstaunte sehr.
Als er wieder in seine Stadt kam, ging er zuerst an das Haus, wo er gewohnt hatte, und fragte: »Wohnt hier ein Sohn von Choni dem Weisen?«
Sie antworteten: »Nein, sein Sohn ist tot, aber sein Enkel wohnt hier.«
Da sah Choni die vertrauten Züge im Gesicht des Mannes, und er gab sich zu erkennen und sprach: »Laß dich umarmen! Den siehe, ich bin Choni, dein Großvater, und habe siebzig Jahre in einer Höhle geschlafen.«
Der Mann aber wich zurück und sprach mißtrauisch: »Ein ganz wunderbares Märchen erzählst du uns da, alter Mann, ich kann es nicht glauben. Mein Großvater ist vor siebzig Jahren von einer Reise nicht wiedergekommen und ist unterwegs gestorben. Du aber suche nicht in mein Haus einzudringen mit dem Namen eines Toten, der mehr war als du.«
So oft und so lebhaft Choni sein seltsames Erlebnis auch beteuerte, sie glaubten ihm nicht, und als er nicht weichen wollte von der vertrauten Stätte seines einstigen Wohnens, da stießen sie ihn mit Gewalt hinweg als einen Betrüger.
Traurig ging er davon und sprach zu sich: »Wenn die Kinder meines Fleisches mich verstoßen, wohlan, so will ich zu den Kindern meines Geistes gehen.«
Und er ging und kam ans Lehrhaus und trat hinein

und setzte sich an der Tür. Da saßen die Weisen zusammen und berieten, und der Älteste von ihnen sprach: »Wunderbare Kunde habe ich vernommen aus den Tagen, die vor uns waren. Da war ein Weiser mit Namen Choni, und sein Kommen war gesegnet; jedesmal wenn er ins Lehrhaus eintrat, wurde alles Schwere leicht und alles Dunkle klar. Und eben erinnere ich mich der wunderbaren Sage, denn mir geschah es plötzlich, daß die verwickelte Sache, darüber wir die ganze Zeit beraten, vor meinen inneren Augen lag, klar geschlichtet und geordnet.« Und mit dunkel staunenden Augen stimmten die Weisen zu.

Da trat Choni in den Kreis und sprach: »Ich kann euch dies erklären, denn ich selbst bin Choni und habe in einer Höhle geschlafen siebzig Jahre lang.«

Der Älteste aber sprach zögernd: »Wunderbares und ganz Unerhörtes berichtest du uns. Wir haben gelesen, die Lebenszeit des Menschen sei siebzig Jahre, und der Starke bringt es auf achtzig Jahre. Aber Choni stand schon, als er wegging, an der Schwelle des Greisenalters, so daß deine Erzählung unglaubhaft ist.«

Choni sprach: »Hat nicht das Wunder meines Eintretens für mich gezeugt?«

Sie aber glaubten ihm nicht. Da rief er: »Mein Enkel hat mich schon aus seinem Haus vertrieben, und nun vertreiben mich auch die Genossen! Was habe ich verschuldet, daß Gott solche harte Strafe über mich verhängt?«

Der Älteste sprach mit Scheu und wandte die Augen von ihm weg: »Das laß deine Seele mit Gott allein ausmachen, alter Mann, wir können nichts dazu tun. Aber hier ist deines Bleibens nicht mehr.«
Da ging Choni hinaus aus dem Lehrhaus und aus der Stadt, bis er aufs Feld kam, und er warf sich nieder und betete und sprach: »Herr der Welt! Wahrlich jener Spruch hat recht: Gefährten oder Tod! Wir Menschenkinder vermögen nur zu bestehen, wenn eins dem andern die Hand reicht, und ich habe mich verschuldet. So nimm nun meine Seele hinweg, denn sie ist des Lebens überdrüssig in der Bangigkeit des Alleinseins.«
Und er starb daselbst auf freiem Feld, allein und verlassen wie der namenlosen Bettler einer.

Nachums Leiden

Nachum von Gimso, der fromme Lehrer, trieb eines Tages drei Esel, beladen mit Brot und Früchten, nach dem Lehrhaus. Die Sonne stand schon hoch, und die Schatten begannen sich zu verbergen unter den Füßen der Schreitenden. Langsam und gleichmäßig sanken die Füße der Tiere in den heißen Sand, und Nachum folgte träg träumend, mit dem einzigen Gedanken an den schattigen Hof des Lehrhauses, durch das Schweigen des Mittags.
Doch plötzlich rührte etwas an seine Schulter, und als er sich umsah, erblickte er einen Bettler. Seine

hageren, von Geschwüren entstellten Glieder waren kaum bedeckt von Lumpen, in den tiefgesunkenen Augen brannte das kranke Feuer des Hungers, und er bat mit heiserer Stimme um etwas Speise.

Nachum hatte noch nie einen Bittenden abgewiesen, aber an diesem Tag schlief sein Geist von der großen Hitze, und aus seiner Trägheit aufgestört, antwortete er verdrossen: »Warte doch, bis ich dir etwas herausgesucht habe.« Mit widerwilligen Füßen folgte er den vorangegangenen Tieren und begann mürrisch und nachlässig an den Körben zu fingern. Während er aber noch so zwecklos hin und her griff, schlug an sein Ohr ein schwaches und doch so furchtbar eindringliches Seufzen, und als er sich umwandte, lag der Bettler tot hingestreckt im Sand.

Wie schnell waren da Nachums Hände, Brot und Früchte aus dem Korb zu nehmen, wie fliegend eilten seine Füße zurück! Er kniete neben dem Toten nieder, hielt ihm Früchte an den Mund und flehte in zerrissenen Tönen, daß er doch esse. Aber wie demütig der Bettler vorhin gebeten hatte, so stolz erhaben verweigerte er jetzt die Speise, die Augen seitwärts gekehrt in blickloser Gleichgültigkeit, wie die Könige der Erde tun vor dem heftigen Flehen lästiger Bittsteller. Und Nachum warf sich über ihn, mit der Berührung seines Leibes ihn zu beleben; ohne Scheu berührten seine reinen Glieder die von Wunden zerfressenen des anderen, sein angstvoller Herzschlag hallte wider in der stummen Brust des Toten, und seine strömenden Tränen gaben, in die gebrochenen Augen niederfließend, ihnen einen letzten Schein von Leben. Doch unverrückt blieb die Erhabenheit des Todes, thronend in dem starren Gesicht. Da schrie Nachum zu Gott und rief: »Herr der Welt! Durch meine Trägheit ist dies Menschenleben verlorengegangen! O erleichtere meinen Gram und strafe mich! Die Füße, die so träg waren, dem Bedürftigen zu Hilfe zu eilen, mögen erlahmen, die Hände, die lässig waren zu seinem Dienst, mögen verdorren, die Augen, die scheel sahen auf seine Not, mögen erblinden, und mein Leib möge seine Krankheit tragen. Herr der Welt, so strafe mich in diesem Leben und an meinem Leib, daß du mich nicht strafest in jenem Leben an meiner Seele!«

Als die Schüler im Lehrhaus die Augen erhoben, sahen sie, daß die Esel in den Hof gekommen waren, und Nachum war nicht bei ihnen. Da dachten sie: Es könnte unserem Lehrer ein Unheil zugestoßen sein, – und sie machten sich auf, ihn zu suchen, und sie fanden ihn am Wege über den toten Bettler hingestreckt und brachten ihn in sein Haus.

Von diesem Tag an war Nachum leidend. Seine Füße erlahmten, seine Hände verdorrten, seine Augen erblindeten, und sein Leib war mit Geschwüren bedeckt. Er aber lag und lobte Gott und dankte ihm in seinen größten Schmerzen.

Einst besuchte ihn Rabbi Akiba, sein Schüler, und

als er ihn so zerstört in den Tüchern seines Lagers sah, schrie er laut vor Schmerz und rief: »Wehe mir, daß ich dich so sehen muß, du Frommer!«
Da wandte Nachum die blinden Augen nach der Richtung der Klage, und sein Mund, allein unzerstört in seinem Gesicht, lächelte und sprach: »Wohl dir, Akiba, daß du mich so sehen darfst, denn dies ist mir ein Gnadenzeichen, daß Gott meine Sünde von mir fordert in diesem Leben und an meinen Leib und lässet mich unversehrt in jenem Leben und an meiner Seele.«

Die Quelle

Rabbi Jochanan ben Sakkai hatte fünf Schüler. Eines Tages sprach er zu ihnen: »Denket nach und überlegt euch, welches ein guter Weg sei, auf dem der Mensch sich halten soll, damit er recht handle!«
Da antwortete Rabbi Elieser: »Ein gütiges Auge, das ohne Neid und Mißgunst auf Glück und Besitz der andern sieht.«
Rabbi Josua sprach: »Ein guter Freund, dessen erprobtem Beispiel man folgt.«
Rabbi Jose sprach: »Ein guter Nachbar, mit dem man in Eintracht und Liebe lebt.«
Rabbi Simon sprach: »Daß man bei jeder Tat zuerst die Folgen bedenkt.«
Rabbi Eleasar aber sprach: »Ein gutes Herz.«
Da antwortete Rabbi Jochanan ihnen allen: »Am

besten gefällt mir Eleasars Antwort, denn sie schließt alles in sich, was ihr sagt. Wer aus einem guten Herzen heraus handelt, der kann niemals mißgünstig sein, der gewinnt guten Freund und guten Nachbar, und all seine Handlungen werden von selber gut sein.«

Und Rabbi Jochanan staunte über die Verschiedenheit seiner Schüler und wie sie doch alle tüchtig und gut waren, und er teilte jedem ein Lob zu: »Elieser, der Sohn des Hyrkanos, ist wie ein Brunnen, der mit Kalk ausgestrichen ist und keinen Tropfen Wasser verliert; so verliert er kein Wort der Lehre. Josua, der Sohn Chananjas – Heil seiner Mutter! Sie hat dem unmündigen und unverständigen Knaben das Teil der Weisheit ausgewählt, und er lohnt es ihr mit Freude und Treue. Jose, der Priester, ist ein Frommer, der keinem Geschöpf ein Leid zufügt und in Demut wandelt. Simon, der Sohn des Natanael, fürchtet die Sünde und handelt gerecht gegen jedermann. Eleasar aber, der Sohn des Arach, ist eine Quelle, die nicht versiegt, sondern immer stärker fließt von den Wassern der Weisheit und Erkenntnis.«

Rabbi Jochanan liebte all seine Schüler, aber Eleasar liebte er am meisten, denn in seinem Herzen war schöpferische Kraft. Und wenn der Jüngling von den Geheimnissen des Himmels sprach, legte sich feuriger Glanz rings auf die Landschaft, die Bäume erhoben einen Gesang zum Preis Gottes, daß die Luft erhallte von ihren wunderbaren Stimmen, und die Engel standen rings umher und lauschten seinen Worten.

Als Rabbi Jochanan gestorben war, wählten die älteren Schüler sich einen Wohnsitz zusammen, und Rabbi Eleasar wollte zu ihnen ziehen. Da sprach seine Frau zu ihm: »Was läufst du deinen Genossen nach wie ein Hündlein? Hat nicht dein Meister, Rabbi Jochanan, dir von ihnen allen den größten Ruhm gegeben, deine Weisheit am höchsten gepriesen? Es ziemt sich, daß die Kleinen zu dem Großen kommen, und nicht, daß der Große den Kleinen nachläuft. Wähle dir einen Wohnort nach deinem Gefallen, so werden sie dir schon nachziehen.«

Diese Worte dünkten Rabbi Eleasar richtig, und er wählte sich eine Stadt in schöner Gegend, an einem reinen Wasser in fruchtbarer Landschaft, und ließ sich daselbst nieder und wartete, daß seine Genossen ihm nachgezogen kämen.

Diese aber kamen nicht, denn sie hatten ihren Wohnort mit Überlegung gewählt, das Werk ihres Lehrers fortzuführen. Auch konnten sie den weggezogenen Genossen nicht besuchen, denn viele Arbeit lastete auf ihnen, das durch den Krieg verwüstete Land wieder zu beruhigen, den Flüchtlingen zu helfen, Gefangene loszukaufen, Witwen zu ernähren und Waisen zu erziehen, die Ordnung der Gesetze wiederherzustellen und für den Dienst des verwüsteten Tempels Ersatz und neue Formen des Gottesdienstes zu finden, daß sie gar nicht merkten, wie ihnen die Jahre enteilten.

Doch als endlich die Ordnung wiederhergestellt war, da gedachten sie auch ihres Genossen, der ihres Lehrers Lieblingsschüler gewesen war, und sie beschlossen, ihn an seinem Wohnort zu besuchen. Als sie nun nahe zu der Stadt hinkamen, sandten sie einen Boten voraus und ließen Rabbi Eleasar ihren Besuch ansagen. Da freute sich Rabbi Eleasar über alle Maßen, er zog schnell seine besten Kleider an und ging ihnen entgegen, er umarmte und küßte sie und fragte nach ihrem Ergehen und führte sie mit vieler Ehre und Freude in sein Haus.
Die Frau aber sprach leise zu ihrem Mann: »Siehst du, daß ich recht hatte, sie kommen dir nachgezogen, weil du der Weiseste bist.« Und sofort rüstete sie ein Mahl, das Beste des Hauses aufzutragen. Die Gäste bewunderten das schöne reiche Haus mit dem schattigen Garten, sie ließen sich ins Bad führen, um den Staub der Reise abzuwaschen, und in neue reine Gewänder kleiden und sich mit Salböl erquikken. Danach, als sie bei Tisch saßen, erzählten sie von ihrem Leben und begannen von der Lehre zu reden, von neuer Auslegung, von einer ungewissen Erklärung, dem Doppelsinn eines Wortes und dem Zusammenhang mehrerer Gebote, und immer fragten sie in Höflichkeit zuerst ihren Gastgeber nach seiner Meinung. Da aber zeigte es sich, daß Rabbi Eleasar in den Jahren des Alleinseins fast alles vergessen hatte, die Meinung seiner Genossen nicht mehr verstand und ganz verkehrte, zusammenhanglose Antworten gab.

Zuletzt konnten sie ihre Überraschung nicht mehr bemeistern, und sie riefen: »Bist du es wirklich, der Lieblingsschüler des Rabbi Jochanan, den er eine stets stärker fließende Quelle nannte?«
Da antwortete Rabbi Eleasar beschämt: »Es ist hier am Ort kein Mensch, der verständig genug wäre, daß man mit ihm von der Lehre reden könnte, so habe ich sie in den langen Jahren vergessen.«
Da sprach Rabbi Josua: »Und hast du auch vergessen das Wort unserer Lehrer: Wer lernt, ohne wieder zu lehren, dessen Weisheit ist nicht von Bestand? Die Weisheit und Erkenntnis ist dem Menschen nicht gegeben zu seinem Genuß, daß er sie hinabschlinge wie eine süße Frucht. Denn was er hinabschlingt, das verdaut er und gibt es an einem Ort der Unreinheit wieder von sich, und es bleibt ihm nichts davon. Sondern die Weisheit und Erkenntnis ist ihm gegeben zum Dienst, daß er damit die Schwachen stütze und die Erkenntnislosen belehre. Je mehr Weisheit ein Mensch hat, zu desto mehr Wirken ist er verpflichtet. Mein Bruder Eleasar, deine Quelle ist vertrocknet, weil du sie verschlossen hast und die Durstigen ungetränkt vorbeigehen ließest.«
Da senkte Rabbi Eleasar das Gesicht in seine Hände und weinte lautlos in der Bitterkeit der Vorwürfe. Rabbi Jose aber breitete seine sanfte Stimme über die tadelnde Rabbi Josuas und sprach: »Eleasar, mein lieber Bruder! Die Wasser fließen ab von den hochragenden Bergen und sammeln sich in den

Niederungen, so auch sucht die Weisheit einen demütigen Geist, um darin zu wohnen. Noch ist nicht alles verloren für dich. Kehre mit uns um und fange wieder an in Bescheidenheit zu lernen, so wird deine Quelle wieder fließen und noch vielen Segen stiften.«

So zog Rabbi Eleasar mit den Genossen. Demütig setzte er sich unter die Schüler und begann von neuem zu lernen, bis er seine Weisheit wiederfand, und nie mehr vergaß er, mit seinen Gaben zu wirken.

Der Sohn Abujas

Einem Mann mit Namen Abuja wurde nach langem Hoffen ein Sohn geboren, und er nannte ihn Elisa, denn er sprach: Gott hat Heil gegeben. Und da er das neue Leben in der Wiege sah, wie es vor Hilflosigkeit kaum die Hand regen konnte und doch alle Möglichkeiten der Zukunft über seinem Haupt schwebten, da schwoll ihm das Herz, und es schien ihm, als habe es seit Weltbeginn kein solches Wunder gegeben.

In seiner Freude rüstete er ein Fest und lud alle Verwandten, Nachbarn und Freunde dazu ein. Das Kind aber, dem zu Ehren all der Aufwand geschah, lag ruhevoll und in erhabener Gleichgültigkeit beiseite, und seine tiefblauen Augen kannten noch nicht die Dinge dieser Welt.

Da sprach Abujas Frau: »Lade doch auch die Weisen

zu unserem Fest, daß unsere Ehre vergrößert werde.« Und er ging und lud die Weisen, und es kamen Rabbi Josua und Rabbi Elieser mit ihren Schülern. Als nun die Geladenen bei Tische saßen und sich erfreuten an Speise und Trank, begannen sie allerlei Gespräche von Handel und Wandel, von Politik und Handwerk und Seefahrt, jeder nach dem, was seinem Herzen am nächsten lag. Abuja aber dachte bei jedem Wort an das Kind, das so ahnungslos fern dahinten schlief, und sah in allem nur einen Weg zu Macht und Größe seines Sohnes. Indem nun alle so durcheinander redeten, begannen Rabbi Josua und Rabbi Elieser sacht miteinander zu sprechen von der Lehre und kehrten aus all dem Lärm mit ihren Gedanken zu der stillen Quelle, deren Hüter sie waren. Als die Schüler sahen, daß die beiden Lehrer miteinander redeten, brachen sie ihre Gespräche ab, ließen die Hände ruhen am Tisch und lauschten ehrfurchtsvoll. Und die beiden sprachen mit halblauter Stimme, ruhevoll sitzend und mit gelassenen Gebärden. Doch wie sie tiefer drangen in den Gegenstand, weiteten sich ihre Züge in stiller Inbrunst, die aufgerichtete Gebärde ihrer Hände wurde wie goldene Tempelleuchter, und ein Ton, schwirrend wie Metallklang, machte ihre Stimmen eindringlich, so daß ringsum die bunten Gespräche leer wurden und verstummten.

Abuja aber dachte an seinen Sohn. Und er sah in dem Schweigen und Lauschen ringsum, wie ein feuriges Himmelslicht die Häupter und Gestalten

der beiden Lehrer umfloß, und sie wußten es nicht, denn sie sprachen miteinander von der Lehre. Da dachte Abuja in seinem Herzen: Dies ist die größte Macht und der höchste Glanz, eine Ehre vor Gott und den Menschen, – und er beschloß, seinen Sohn, der so unberührt schlummerte, der Lehre zu weihen. An zweierlei aber dachte Abuja nicht: an die Seele seines Kindes und an die Heiligkeit der Lehre, davon die Weisen sagen: Gebrauche die Lehre nicht als Krone, damit zu glänzen.
Und es wird erzählt, um dieses Vergessens willen schlug die Lehre nicht die letzte und starke Wurzel der Demut im Herzen des Sohnes, und Elisa ben Abuja wurde aus einem ruhmvollen Lehrer der unglückliche Verräter Acher.

Das Gut

Rabbi Akibas Freund und Lehrer war Rabbi Tarphon. Der war vornehm und reich, weise und fromm und von edlem Geist, aber er war nicht wohltätig. Über seinen Büchern saß er und vergaß der Armen, seine Güter mehrte er und dachte nicht an die Bedürftigen. Dieser Flecken auf des Freundes Seele schmerzte Rabbi Akiba tief, denn er selbst war sehr wohltätig, er speiste arme Schüler, versorgte die Witwen und Waisen, ließ Brot backen für die Bedürftigen und gab armen Bräuten eine Ausstattung. Denn wohl wußte er, wie die Not schmerzt,

da er seine Jugend in bitterster Armut verbracht hatte, Rabbi Tarphon aber war in reichem und vornehmem Haus aufgewachsen und hatte nie Mangel kennengelernt.
Da sprach eines Tages Rabbi Akiba zu ihm: »Ich habe Gelegenheit, ein sehr schönes Gut billig zu erwerben. Willst du, daß ich dir es kaufe?«
Rabbi Tarphon antwortete ihm: »Ja, kaufe es mir, ich habe eine größere Summe Geld daliegen, die ich günstig anlegen möchte.« Und er gab ihm das Geld.
Rabbi Akiba aber ging hin und verteilte alles unter die Armen.
Über einige Zeit sprach Rabbi Tarphon: »Ich will doch einmal das Gut besehen, das du für mich gekauft hast.«
Da führte ihn Rabbi Akiba ins Bethaus, schlug dort das Buch der Psalmen auf und las ihm diese Verse: »... Er streut reichlich aus und gibt den Bedürftigen, ewiglich besteht seine Mildtätigkeit, und seine Macht erhebt sich in Ehren...« und sprach zu ihm: »Siehe, dieses Gut habe ich dir gekauft. Ich habe die ganze Summe unter die Armen verteilt.«
Da erschrak Rabbi Tarphon, und es tat ihm leid um das viele Geld, doch war er zu zartfühlend, als daß er dem Freund Vorwürfe gemacht hätte. Und Rabbi Akiba sprach heiter: »Komm mit mir, so wollen wir zusammen dein Gut besichtigen.«
So lenkte Rabbi Tarphon die verwöhnten Schritte an des Genossen Seite in die Gassen der Armut, die er nie gesehen hatte, und er erstaunte vor den Häu-

sern, dunkel und gebeugt wie Trauernde, aneinander gedrängt wie Frierende, sinkend wie Sterbende. Sie traten durch eine niedere Tür in eine lichtlose Stube, wo in der dumpfen, übelriechenden Dämmerung leere Wände ringsum starrten und Frauen an einem Feuer saßen und in rußigem Topf kochten, – und Rabbi Tarphon fragte: »Freund, warum hast du hier nicht gespendet in dieser furchtbaren Armut?«

Da antwortete Rabbi Akiba: »Ich habe hier gegeben; denn ehe ich kam, war der Herd kalt und der Topf leer, und die Leute hatten nichts, ihre Glieder zu bedecken.«

Sie kamen in eine Hütte, da saß in der Kammer beim Schein einer Kerze ein Schüler und studierte in einer Buchrolle. Weisheit leuchtete von seinem Angesicht, und durch seine mageren Hände leuchtete das Licht der Kerze, und Rabbi Tarphon sprach abermals: »Freund, warum hast du hier nicht gespendet? Weisheit leuchtete von seinem Angesicht, und er verdiente wohl, ohne Nahrungssorgen sich dem Studium zu widmen.«

Und wieder antwortete Rabbi Akiba: »Ich habe hier gegeben, – denn ehe ich kam, hatte er nicht Buch noch Licht und verdiente als Taglöhner sein kärgliches Brot.«

Sie kamen in die Hütte des Kranken; da lag der Kranke auf seinem Strohlager, und der heiße Fieberglanz seiner schlaflosen eingesunkenen Augen spielte verlassen mit dem Schein eines Lämpchens.

Da fragte Rabbi Tarphon wieder: »Freund, warum hast du hier nicht gespendet?«
Und wieder antwortete Rabbi Akiba: »Ich habe auch hier gegeben; denn ehe ich kam, lag der Kranke auf dem nackten Boden, in die Lumpen seiner Kleider gehüllt, und alle Stunden der Nacht bohrten seine schlaflosen Augen sich in das Grauen der Dunkelheit.«
Und so gingen sie durch alle Hütten, Rabbi Tarphons edles Haupt wurde gebeugt, und seine Stirne lastete über den Brauen, denn sein Herz erschrak vor dem Angesicht der Armut, das er nie gekannt hatte, und schwere Scham überflutete seine Seele. Und als sie den schmerzvollen Rundgang vollendet hatten und aus der Gasse hinaustraten in die Nacht, da sagte er: »Freund, ich frage dich nur eins: Warum hast du nicht mehr gespendet?«
Da sprach Rabbi Akiba: »Das Geld, das du mir gegeben hast, war viel zu wenig.«
Und sie gingen schweigend durch die Nacht, bis sie an Rabbi Tarphons Haus kamen, das groß und schön gebaut war und mit starken Mauern den vertrauten Schein seiner Leselampe vor der Bangigkeit der Nacht behütete. Da fragte Rabbi Akiba: »Nun, wie gefällt dir das Gut, das ich dir gekauft habe?«
Da weinte Rabbi Tarphon laut auf, umarmte den Freund und rief: »Du hast einen schlimmen Flekken von meiner Seele abgewaschen, – wie soll ich es dir danken?«

Und er ging hinein und tat seine Schränke weit auf und vergaß nie mehr die Hütten der Armen.

Ehre Vater und Mutter

An einem Sabbat ging Rabbi Elieser mit seinen Schülern spazieren. Regenstürze waren niedergegangen und verrauscht, in glänzender Reinheit und bunter Blumenpracht prangte die Erde. Rabbi Elieser aber hielt den Blick zu Boden gesenkt und sah nichts von all der Schönheit; seine Lippen waren zusammengepreßt, und er schwieg, denn sein Herz war betrübt über den Tod seiner Mutter.

Zuletzt merkte er, wie seine Schüler warteten, daß er zu ihnen rede, er sah auf und blickte sie an, einen nach dem andern, ihre jungen, unbekümmerten Gesichter, und stellte dann aus seinen eigenen Gedanken heraus eine Frage: »Ehre Vater und Mutter, – was ist das?«

Da leuchteten die Gesichter der Schüler auf in der Bereitwilligkeit des Antwortens, und der erste sprach: »Rabbi, du hast uns gelehrt: Zu einem Kaufmann kamen die Weisen und wollten von ihm Edelsteine erhandeln zum Ephod. Er aber sprach: Wir können den Handel nicht abschließen, denn der Schlüssel zum Schrank liegt unter dem Kopfkissen meines Vaters, und mein Vater schläft. Fern sei es von mir, daß ich meinen Vater wecke!«

Rabbi Elieser aber schwieg.

Da sprach der zweite: »Rabbi, du hast uns gelehrt: Eine Frau war wegen ihres hohen Alters kindisch geworden, so daß sie den Geldbeutel ihres Sohnes nahm und warf ihn ins Meer. Er aber sprach nicht: Was tust du doch? und beschämte ihre Narrheit nicht vor den Leuten.«

Rabbi Elieser aber schwieg.

Da sprach der dritte: »Rabbi, du hast uns gelehrt: Eine Frau züchtigte ihren erwachsenen Sohn mit einem Riemen, er aber wehrte ihr nicht. Und als ihr der Riemen entfiel, bückte er sich, hob ihn auf und gab ihn der Mutter zurück, daß sie ihn weiter züchtige.«

Rabbi Elieser aber schwieg.

Da verstummten auch die Schüler, und das Licht auf ihrem Angesicht erlosch, denn sie sahen, daß ihre Antworten ihm nicht genügten.

Hier kamen sie an Rabbi Tarphons Haus vorbei, und sie sahen Rabbi Tarphons Mutter auf dem Hof spazierengehen, um die frische Luft zu genießen, und an den Füßen trug sie Sandalen mit hohen Absätzen, denn der Hof war schmutzig und vom Regen aufgeweicht. Doch wie sie so dahinwandelte, zerriß auf einmal der Riemen an ihrer Sandale, und sie rief ins Haus nach Rabbi Tarphon, ihrem Sohn. Sogleich trat er vor die Tür in seinen prächtigen und glänzenden Sabbatgewändern – denn Rabbi Tarphon war sehr reich und vornehm –, und er trat vor seine Mutter und neigte sich vor ihr.

Da sprach sie: »Mein Sohn, mir ist der Riemen an

meiner Sandale zerrissen. Nun frage ich dich, erlaubt es die Ehre des Sabbat, daß ein neuer Riemen angeknüpft werde oder daß man mir einen andern Schuh aus dem Hause herausbringe, damit ich meine Füße nicht beschmutze?«
Er antwortete: »Weder erlaubt es die Ehre des Sabbat, daß ein neuer Riemen angeknüpft werde, noch darf ein anderer Schuh herausgebracht werden. Doch sollst du, meine Mutter, darum nicht deine Füße beschmutzen.«
Und Rabbi Tarphon beugte seine stolze Gestalt tief nieder und legte seine weißen und edlen Hände auf den Boden, daß seine Mutter mit ihrem Fuß darauf trete und nicht ihre zarte und verwöhnte Sohle den rauhen schmutzigen Boden berühre, und so geleitete er sie ehrerbietig ins Haus.
Als nun der letzte Schein ihrer bunten Gewänder hinter der Tür verschwunden war, da riefen die Schüler freudig: »Rabbi, dies ist die wahre Ehre, die ein Sohn seiner Mutter erweist.«
Rabbi Eliesers Herz aber blutete um seine Mutter und alle Liebe, die er an ihr versäumt hatte, und er antwortete schwer: »Was ihr hier gesehen habt, das ist noch nicht der tausendste Teil dessen, was die Thora an Liebe und Ehre für die Eltern fordert.«
Da erstaunten die Schüler und blickten auf ihn, aber sie verstanden ihn nicht. Denn noch weilten ihre Eltern unter den Lebenden, und sie wußten noch nicht, daß erst der Tod dem Herzen die ganze Pflicht der Liebe und Ehrerbietung zeigt.

Die Krone der Lehre

Einem Weinbergbauern wurden zur Zeit der Reife die Trauben nächtlicherweile korbweise aus dem Weinberg weggestohlen, so daß er jeden Morgen die geplünderten Stöcke fand, und trotz all seiner Wachsamkeit konnte er den Dieb nicht erwischen. Da ergrimmte er, als er sah, wie seine ganze Mühe und Arbeit zunichte wurde, und all sein Streben richtete sich darauf, den Dieb zu fangen und bittere Rache an ihm zu nehmen. Und er beschloß, nun selbst die ganze Nacht hindurch im Weinberg zu wachen.

In derselben Nacht kam Rabbi Tarphon zurück von einer Reise, und als er durch den Weinberg herabkam und die Trauben sah, da hungerte ihn, und er nahm aus seiner Tasche getrocknete Feigen, den Rest seiner Reisezehrung, und aß im langsamen Herabsteigen. In diesem Augenblick stürzte der Bauer zwischen den Weinstöcken hervor, packte den Rabbi, erkannte ihn nicht und schrie: »Habe ich dich endlich gefangen, du verfluchter Dieb, der du mich mit deiner Bosheit um den Lohn für all meine Mühe und meinen Schweiß gebracht hast! Nun sollst du mir aber alles büßen, was du mir angetan hast.«

Damit riß er einen Sack hervor, steckte den Überfallenen hinein, band oben zu und zog und schleppte ihn nun über die Hügel hinab nach dem Fluß, um ihn zu ertränken. Rabbi Tarphon hörte in der Ge-

fangenschaft des Sackes die Eile des Weges, das Rollen der Steine, das Zurückschnellen der Büsche und das Schimpfen des Wütenden, aber er schwieg in Demut still und sprach kein Wort.
Auf einmal blieb der Bauer stehen, und Rabbi Tarphon hörte das Rauschen des Flusses. Da fiel Bangigkeit des Sterbens auf sein Herz, und er rief aus dem Sack hervor laut und mit durchdringender Stimme: »Wehe dir, Rabbi Tarphon, daß du so um dein Leben kommen sollst!«
Der Bauer erschrak, als er den Namen und die Stimme hörte, er sperrte eilends den Sack auf, erkannte den Rabbi und redete ihn an mit vielen Entschuldigungen. Der Lehrer stieg heraus, er sah die mondbeglänzten starken Wellen des Flusses gegen das hohe Ufer branden, und sein Leib erschauerte vor solcher Nähe des Todes. Er sah über sich den tiefen leuchtenden Sternenhimmel, und seine Seele erschauerte und sprach zu ihm: »Wehe dir, Tarphon, daß du die Krone der Lehre zum Werkzeug deines Nutzens mißbraucht hast! Du hättst deine Unschuld beteuern oder ihm Lösegeld bieten sollen, und selbst wenn du hättest sterben müssen, so wäre dir besser als nun, wo du dein Leben gerettet hast durch den Ruhm der Lehre.«
Er wandte sich schweigend, von dem Ort seiner Niederlage zu gehen. Der Bauer sah im Mondschein das gramvolle Gesicht des Lehrers und glaubte, daß der erlittene Schimpf ihn schmerzte, er folgte ihm nach, und immer einige Schritte hinter

ihm sich haltend, sprach er mit vielen Bitten und Beteuerungen zu den tauben Ohren des tiefgebeugten Mannes. Erst an der Schwelle seines Hauses wandte der Rabbi sich um und sah jenen, der ihm gefolgt war, und mit einer gütigen Bewegung winkte er seinem Versehen Vergebung. Da ging der Bauer beruhigt heimwärts.
Rabbi Tarphon aber war tiefgebeugt, und er sprach: »Ich habe mein Heiligstes verhandelt und den Ruhm der Lehre gemein gemacht zu einem Werkzeug meines kleinen Nutzens.«
Und er wurde erst an dem Tage wieder froh, da er sein gerettetes Leben für die Lehre hingab in die Qualen des Martertodes.

Die Lehrer im Paradies

Vier Lehrer beschäftigten sich mit der Kabbala und gingen durch ihr Tor ein ins Paradies: Rabbi Akiba, Elisa ben Abuja, Simon ben Soma und Simon ben Asai. Und sie kamen hinein und näherten sich der unbegreiflichen und furchtbaren Nähe Gottes.
Als sie wiederkamen, war es gegen Abend, und sie schritten riesengroß und dunkel aus der Glut des Westhimmels hervor in schwerem Schweigen. Die anderen Lehrer aber, die ihnen entgegengingen, erschraken vor der Verstörung ihres Gesichts.
Da ging Ben Asai in sein Haus, warf sich auf sein Lager, denn er konnte dem Zittern seiner Glieder

nicht mehr gebieten, und kehrte sein verblichenes Gesicht stumm gegen die Wand. Sein Mund verweigerte Speise und Trank, sein Gesicht verfiel, und seine erloschenen Augen harrten dem Tod entgegen.
Da ging Ben Soma hinweg von dem sterbenden Freund und sah umher, und siehe, die Welt hatte alles Maß verloren, und kein Ding stand mehr in einem Größenverhältnis zu einem andern. Alle Umrisse zerflossen und wälzten sich gegen ihn, die Umrisse seiner Menschengestalt auszulöschen. Zeit und Raum waren verschwunden, und alles stürzte in furchtbarer Gleichzeitigkeit und Allgegenwart gegen seine Augen. Da warf er sich zu Boden und verhielt sich die Augen, aber er konnte seinem Schauen nicht wehren, und er schrie laut und schlug sich den Kopf gegen die Steine, den eindringenden Bildern einen Ausweg zu schaffen. Und als die Lehrer herbeigeeilt kamen auf sein entsetzliches Schreien, fanden sie ihn in Qualen des Wahnsinns.
Da sprach Elisa ben Abuja: »Uns ist das Maß genommen durch das Maßlose, das wir gesehen haben, und die Welt ist uns verwandelt. Die Lehre, das Gesetz, daran wir unser Leben hingeben, was sind sie anderes als ein vom großen Sinn abgesplittertes Stück Sinnlosigkeit, ein vom Ewigen abgebrochenes Stück Vergänglichkeit, eine vom Unendlichen abgetrennte Nichtigkeit! All die Lasten und Beschwerden, unter denen wir leben, und die Entsagung, die wir auf uns genommen haben, gelten

nicht mehr als eines Haares Breite und eines Sandkorns Gewicht. All das weite Gesetz ist noch nicht eine halbe Stufe aufwärts zum Göttlichen. Was mühen wir uns so vergeblich unter der nutzlosen Last!«
Zur selben Stunde schied sich Elisa von den Lehrern und warf sich den Sünden der Welt und der Verzweiflung des Unglaubens in die Arme. Da erschraken die Lehrer und blickten auf Rabbi Akiba, ob sie auch ihn auf so schreckliche Art verlieren müßten. Und er barg sein verstörtes Gesicht in den Händen. Als er nach langer Zeit Herr seiner Züge wurde und sie aus den Händen hob, sah er die Bestürzung und das stumme Bangen aller um ihn her, und er sprach: »Weh uns! Wie tot sind wir, gemessen am Lebendigen! Wie eng sind wir, gemessen am Unendlichen, wie töricht sind wir, gemessen an der ewigen Weisheit! Aber Gottes Hand ist über uns, und er hat uns diese Form gegeben. An uns ist's, daß wir uns demütig fügen in unsere Gestalt und darin wirken. Denn nicht nach unserem Erkennen werden wir gerichtet, sondern nach unserem Wollen und Wirken.«
Und Rabbi Akiba stand hoch auf und ging ins Lehrhaus, zu lehren Ewiges in den armen Formen der Erde. Und er wurde der größte Lehrer seines Zeitalters.

Letzter Besuch

Rabban Gamaliel, der Patriarch, der auch »Vater der Waisen« genannt wurde um seiner großen Güte und Milde willen, war doch in Ausübung seines Amtes streng und schroff. Er hatte seinen ganzen Eifer und Willen darauf gesetzt, der Zersplitterung zu wehren und eine Einheit der Lehrmeinung herzustellen, und wo ein Lehrer seine besondere Meinung dem Ganzen nicht aufopfern wollte und durch andere Lehre die Einheit sprengte, da fiel er nach dem strengen Mund des Patriarchen in den Bann, und keiner seiner Genossen und Schüler durfte mehr mit ihm verkehren. Und so geschah es, daß Rabbi Elieser ben Hyrkanos, der treu nach der Schule Schammais lehrte und in starker Überzeugung und als Stellvertreter großer Toter mit seiner Meinung nicht weichen wollte vor dem Lebenden, auch um der strengen Einheit willen in den Bann getan wurde.

Von nun an sahen seine Freunde und Schüler ihn nur noch manchmal im schwarzen Trauerkleid von fern auf der Straße, und sie wichen beiseite vor seinem Angesicht, um ihm die Scham zu ersparen, daß sie ohne Gruß an ihm vorbeigingen. Und über einige Zeit sahen sie ihn auch nicht mehr auf der Straße, aber über dem drängenden Leben der Gegenwart, über dem neuen Wachsen und Blühen, das Rabbi Akiba dem Lehrhaus gebracht hatte, vergaßen sie ihn. Bis eines Abends, als sie aus dem Lehrhaus ka-

men, sein Knecht auf der Schwelle stand und ihnen verkündete: »Rabbi Elieser liegt im Sterben.«
Da machten sie sich auf und gingen, ihn zu besuchen, sie traten in das Haus, das sie so lange nicht mehr betreten hatten, und kamen in das dumpf dämmernde Zimmer. Da lag auf den weißen Kissen seines Lagers Rabbi Elieser hingestreckt, er forscht mit mattem Blick seiner gesunkenen Augen nach den langentbehrten Zügen seiner Schüler und fand sie verändert von dem Reichtum der neuen Zeit, die ihn so arm beiseite gelassen hatte. Noch schwieg er, seine Augen suchten die verlegen Zögernden zu unterscheiden, daß er den einen oder andern bei Namen näher an sein Bett heranrufe. Wie er sie nun so dastehen sah, in ungewisser Anzahl das dämmernde Zimmer füllend zwischen den Wänden, die sonst nur auf Leere und Einsamkeit herabsahen, da war es ihm, als sähe er an seinem jetzt verlassenen Fensterplatz die kleine Leselampe stehen, deren Licht sich oft gebrochen hatte in seinen hilflosen und einsamen Tränen, wie jetzt das Licht der matten Lampe an seinem Bett sich brach in den Tränen der andern. Und er dachte: Sie haben nicht gütig an mir gehandelt, aber sie haben so gehandelt aus Furcht, und Furcht ist ein Erbteil aller Menschenkinder. Darum kann ich mit ihnen nicht rechten.
Als er aber nun den Kopf zu heben suchte, um sie freundlich zu begrüßen, da sah er unter ihnen einen, an hoher Gestalt und mächtigem Angesicht hervorragend über die andern, und er erkannte Rabbi Aki-

ba, seinen Schüler, den stets geliebten, geistesstarken und kühnen. Er winkte ihn zu sich heran und sprach zu ihm: »Akiba ben Joseph! Warum in der langen, herben und einsamen Zeit bist du kein einziges Mal gekommen, mich zu besuchen? Furcht ist wohl das Erbteil der Menschenkinder, aber deiner Stärke ziemt nicht Furcht, sondern Güte. Ich weiß, daß mein Geist immer geringer war als der deine, der kühn uns alle überfliegt. Aber war ich nicht kühn, so war ich doch treu, und ihr hattet keinen Anlaß, mich zu verachten. Wahrlich, ich fürchte, dies Zeitalter wird mit Blut zu Ende gehen und dein Tod wird schwerer sein als der aller anderen.«
Akiba blickte in das verfallene Gesicht seines Lehrers und sah darin die Linien langen Grams, und sein Herz erzitterte und klagte ihn an. Er setzte sich nieder auf den Rand des Lagers und bat mit sanfter Stimme, daß er zum Abschied noch einmal aus seiner Weisheit spende. Rabbi Elieser zögerte nicht, den treu verwalteten Schatz zu öffnen. Er sprach und treulich trug ihm sein Gedächtnis die Worte der Lehre zu. Aber Akiba senkte das Gesicht in Scham, daß er diesen Mann um seines geringeren Verstandes willen oft im stillen mißachtet hatte, er hielt seine erkaltenden Hände mit den seinen umschlossen und suchte mit einem letzten Wort der Liebe das Ohr seines Lehrers. Doch der Scheidende war dem zu späten Wort Akibas schon entrückt. Wie seine Seele vom Körper sich losrang und innig der Vollkommenheit ihres Wesens entgegendrängte, so

suchte sein Mund in Bangigkeit das Wort als Bild. Bis nach einem kurzen unruhigen Schweigen er den Fragen seiner Schüler antwortete mit leisem befreitem Klang: »Rein«; und sanft schloß sich sein Mund hinter dem letzten Wort, das seine Seele in Reinheit hinwegführte.
Als Akiba sah, daß er geschieden war und nur seinen müden Körper als schweigsamen und zerfallenden Rest zurückgelassen hatte, da stand er auf, zerriß seine Kleider und klagte und schrie: »O mein Vater, mein Vater! Wehe uns verwaistem Geschlecht und wehe unserem Hochmut! Mit dir ist das reine Buch der Lehre vor unseren Augen verborgen worden.«
Und er ging hinaus in die Nacht, und auf seiner Seele lasteten die Schauer seines künftigen schweren Todes.

Acher

Elisa ben Abuja war ein großer Lehrer, und nicht allein war er in Weisheit groß, sondern er mühte sich auch mit Fleiß, alle Gebote Gottes genau zu erfüllen, um der großen Verheißungen teilhaftig zu werden.
Einst geschah es, daß er hörte, wie ein Vater zu seinem Kind sprach: »Sohn, steige hoch hinaus in den Taubenschlag und hole mir zwei junge Tauben herab, aber gedenke wohl an das Gebot und laß die

Mutter vom Nest fliegen, ehe du die Jungen herausnimmst, auf daß du lang lebest, wie der Heilige, gelobt sei er, verheißen hat.«
Der Knabe tat, wie ihm befohlen war, lehnte eine Leiter an und stieg hinauf. Elisa aber sprach in seinem Herzen: Wohl dem Knaben! Er tut in einer Tat zwei Gebote, auf die Gott ein langes Leben verheißen hat: er gehorcht seinem Vater, und er läßt die Vogelmutter vom Nest fliegen, ehe er die Jungen herausnimmt. Gewiß wird sein Lohn groß sein, und er wird lange und in Freuden leben.
In diesem Augenblick brach die Leiter, das Kind stürzte herab und kam auf dem harten Boden zu Tod unter dem Jammergeschrei des Vaters.
Da erbebte Elisa, und er rief: »Herr der Welt! Ist dies dein Lohn, daß du den, der die Gebote ausübt, tötest?« Und bei jedem Jammergeschrei des Vaters riß sein Herz sich los von den Geboten Gottes, und über jedem Riß schrie sein Herz in bitteren Schmerzen.
Wer aus Liebe dient, der bleibt fest, aber wer um Lohn dient, der wankt. Von diesem Tag an, wenn Elisa über den Büchern saß, war in ihm nicht mehr die Ruhe schlichten Rechttuns und Glaubens, sondern er durchforschte die Schriften mit Zweifel. Seine hageren Finger an der Buchrolle bebten in kalter Angst, und er fand viel Verheißung, aber wenig Erfüllung, denn sein Herz erkannte nicht mehr Gottes Erfüllung. Da verzweifelte er an seinem Dienst, der unbelohnt blieb, er wandte sich ab von dem Ge-

setz Israels und verlor seinen Weg. Aber wenn sein Herz trauerte um das Verlassene, so kehrte er sich rückwärts in Zorn; was ihn mahnte, vertilgte er, und er verriet seine einstigen Genossen in die Hand der Römer.

Da entstand um ihn eine Luft der Scham und der Verachtung. Die ihn geehrt hatten, mieden ihn nun, und die ihm gefolgt waren, wandten sich von ihm ab. Leer starrten Fenster und Türen seinen scheuen Schritten nach, wo sonst ehrerbietig Grüßende gestanden hatten; und wenn man von ihm sprach, so nannte man ihn nicht mehr bei seinem Namen, sondern nannte ihn nur noch »Acher« – den anderen.

Einer aber von allen wandte sich nicht von dem Tiefgebeugten, das war sein Schüler Rabbi Meïr. Schon leuchtete über dem Haupt des jungen Rabbi eine ruhmvolle Zukunft, schon schwang sich seine Stimme über die der andern in Mut und Strenge und Gesetzeseifer. Aber die selbstherrliche Flamme seiner Seele litt keinen Zwang, und was die anderen verwarfen, das hob er auf. Er saß weiter zu den Füßen seines Lehrers und lernte von ihm, denn sein Herz war lauter und stark, daß kein Zweifel es anfallen konnte, und mit gütigem Sinn erwies er dem Vernichteten alle Ehre wie einem Mann unversehrter Treue. Da lernten Elisas Augen auf das Angesicht Rabbi Meïrs zu sehen, und der selbst seinen Wandel nicht hatte behüten können, wachte nun ängstlich über dem Wandel seines Schülers, daß nichts seine Gesetzestreue versehe. Denn der from-

me Jüngling war das Licht seiner Augen in der großen Nacht, die ihn umgab.
Rabbi Meïr aber erbarmte sich, wie seines Lehrers Herz noch an den Geboten hing, und er sprach zu ihm: »Rabbi, kehre um von deinem bösen und bitteren Weg, tu Buße und gib deinem Herzen seine Heimat zurück.«
Er sprach: »Ich habe den Tod der Weisen auf der Schlachtbank verschuldet, – wie soll Gott mich wieder annehmen?«
Da nahm Rabbi Meïr seine Hand und führte ihn hinaus. Und als er an eine Schule kam, hielt er an vor der Tür, und sie sahen darin die Knaben zu Füßen des Lehrers sitzen und hörten ihre reinen und frischen Stimmen beim Lesen. Da kam es über Elisa, daß er in seine Jugend zurücksah: sich selbst sah er sitzen vor dem Lehrer, den Knaben Elisa, rein und vertrauend und empfänglich, ohne Berechnung und ohne Zweifel – ein gottgeliebter Morgen und die Hoffnung und Liebe seiner Lehrer. Und er erkannte, daß Rabbi Meïr recht gehabt hatte, seine Heimat war in Gottes Lehre. Sein Kopf sank an den Türpfosten hin, und er gönnte seinem Herzen die heißen süßen Tränen der Reue, denn er war bereit, alle Schmach auf sich zu nehmen, um wieder heimkehren zu dürfen in Gottes Gnade und in den Kreis seiner Gemeinde.
Da sprach Rabbi Meïr siegreich: »Ist es dir recht, Rabbi, daß ich einen Knaben frage um das, was er lernt, so soll, was er spricht, dir Gottes Spruch sein.«
Und Elisa erinnerte sich aller Verheißungen der

Schrift, all der Sprüche hohen Mitleids und heißer Liebe, damit der Abtrünnige ans Herz Gottes zurückgezogen wird, und hingegeben in Bereitschaft, nickte er Gewährung, daß Rabbi Meïr einen der Knaben heranwinkte und ihn fragte: »Was ist der Spruch, den du lernst?«
Der Knabe aber antwortete: »Kein Friede, spricht der Ewige, sei dem Frevler.«
Da erschrak Elisa im tiefsten Herzen vor Gottes Spruch. Rabbi Meïr aber sprach unerschrocken: »Laß uns eine andere Antwort suchen.«
Sie gingen vor eine andere Schule, und Rabbi Meïr winkte einen Knaben heraus und fragte ihn: »Was ist der Spruch, den du lernst?«
Er antwortete: »Darum bestehen die Gottlosen nicht im Gericht noch die Sünder in der Gemeinde der Gerechten.«
Und Elisa erbebte vor dem Grimm Gottes und sprach: »Meïr, laß ab. Erkennst du nicht den Willen Gottes?«
Rabbi Meïrs Wille aber, seinen Lehrer zu retten, selbst gegen Gottes Willen, blieb ungebeugt. Sein Gesicht straffte sich zum Kampf, und er zog den Widerstrebenden zu der dritten Schule. Da winkte er einen Knaben heraus und fragte ihn: »Was ist der Spruch, den du lernst?«
Und des Knaben Spruch fing an: »Zum Frevler spricht Gott...« Aber der Knabe war noch klein, und ihm bangte vor den beiden Männern, die da vor ihm standen, dem stolzen jungen Rabbi mit dem

strahlenden Angesicht und dem tiefgebeugten Acher mit den gramzerrissenen Zügen. Seine Zunge verwirrte sich über den schweren Worten, und er sprach: »Zu Elisa spricht Gott: Was redest du von meinen Geboten und führst meinen Bund in deinem Munde?«

Da zerstürzte Elisas sehnende Hoffnung zu nichts. Gott hatte ihn beim Namen angerufen und verworfen, und er brach zusammen. Rabbi Meïr stützte den Wankenden und geleitete ihn in sein Haus. Aber seine stolze Seele ließ nicht ab vom Kampf um seines Lehrers Heil.

Als Elisa ben Abuja starb, trauerte Rabbi Meïr sehr um ihn, denn er hatte ihn geliebt. Es kamen aber Leute zu ihm und sprachen: »Rabbi, Wunderbares ist gesehen worden: vom Grab deines Lehrers steigt Rauch auf. Gewiß wird er in großer Pein verbrannt um seiner schweren Sünde willen.«

Da ging Rabbi Meïr hin, und es war Abend. Als er an das Grab kam, sah er, daß ein schwerer schwarzer Rauch daraus hervorquoll und düster in die helle Glut des Abendhimmels emporstieg. Da erbarmte er sich über die Leiden seines Lehrers, er nahm seinen Mantel und breitete ihn über das Grab und rief: »Schlafe, schlafe, ruhe aus von deinem Schmerz! Und wenn Gott dich nicht erlöst, so werde ich, Meïr – so wahr Gott lebt! – werde ich dich erlösen.« Und als er dies ausrief über dem Grab, verschwand der Rauch und erschien niemals wieder.

Rabbi Meïr und die Schlange

Einst sah Rabbi Meïr hinter einem Busch zwei große Schlangen und hörte sie miteinander reden.
Sprach die eine: »Wohin gehst du?«
Antwortete die andere: »Gott hat mich gesandt in die Stadt Anathot, daß ich dort den Juda und seine ganze Familie erwürge.«
Sprach die erste: »»Warum ist der Tod verhängt über Juda?«
Antwortete die zweite: »Weil sein Herz hart ist und seine Hand verschlossen. Sein Lebtag hat er keinem Armen ein Stückchen Brot gereicht.«
Da Rabbi Meïr das hörte, erbarmte er sich über den Tod der Kinder, die mit dem Vater sterben sollten, und er sprach: Ich will mich aufmachen und eilen, daß ich der Schlange zuvorkomme, vielleicht kann ich das Unheil abwenden vom Haus dieses Mannes.
Und er machte sich auf und eilte auf schnellen Sohlen des Weges nach Anathot, aber sooft er sich umblickte, sah er neben sich die glatten grauen Windungen der Schlange lautlos durch hohes Gras und Gebüsch gleiten. Als nun Rabbi Meïr schon fürchtete, er käme dem stummen Todesboten nicht zuvor, da erglänzte vor ihm ein Fluß, an dessen Ufer ein kleiner Nachen schaukelte. Der Lehrer sprang in das Boot, und ehe die Schlange sich an seine Seite schnellen konnte, stieß er ab, so daß sie am Ufer zurückbleiben mußte.
Mit sinkendem Tag kam Rabbi Meïr in Anathot an.

Da verdeckte er sein Gesicht mit einem Tuch, daß man ihn nicht erkenne, denn sein Gesicht leuchtete von Schönheit und Weisheit, und er brachte seine Kleider in Unordnung wie die eines Bettlers. So trat er in Judas Haus, wo die Familie um das Licht beim Essen saß, und er setzte sich ans Ende des Tisches. Da fuhr Juda auf mit kahlem Kopf und hageren Händen und fiel mit Keifen über ihn her und rief: »Auf, mache dich davon, denn solange ich lebe, hat kein Bettler hier ein Stück Brot bekommen!«

Rabbi Meïr aber antwortete: »Ich bin weit gegangen heut und bin hungrig und durstig, ich weiche nicht von hier, bis ich gesättigt bin.«

Und die Söhne fielen ein mit Zetern: »Auf, Unverschämter, höre auf die Stimme unseres Vaters und mache dich hinaus, sonst schaffen wir dich gewaltsam davon.«

Er aber wandte nicht einmal den Kopf ihnen zu, und die Macht seines Wesens war um ihn her, daß sie ihn nicht zu berühren wagten. Juda stieß ihm ein Brot hin, und Rabbi Meïr nahm und aß. Und Juda saß verkniffen und die Söhne im Zorn, die Kinder aber staunten bang den Verhüllten an.

Da sie nun gesättigt waren, fand es sich, daß ein Brot übriggeblieben war, und Rabbi Meïr sprach zu Juda: »Lege dies Brot in meine Hand und sprich: Das sei für die Armen.«

Da fuhr Juda auf und schrie: »Unverschämter Bettler, ist's nicht genug, daß du ungeladen deinen

Bauch gefüllt hast an meinem Tisch? Nun willst du auch noch eine Gabe für deine Brüder?«
Rabbi Meïr aber wiederholte mit gewaltiger Stimme: »Das sei für die Armen!« Er blies das Licht aus, das vor ihm stand, und nahm das Tuch von seinem Gesicht, und das Zimmer wurde erleuchtet vom Glanz seines Angesichts.
Da erkannten sie ihn und erschraken, Juda nahm das Brot und legte es in die gebieterisch ausgestreckte Hand Rabbi Meïrs und sprach mit bebender Kinnladen: »Nimm dies, Rabbi, und gib es den Armen.«
Und Rabbi Meïr sprach mit strengem Ernst: »Deine Unbarmherzigkeit hat den Tod über dich beschworen, und wäre nicht ich zwischen dich und den Todesboten getreten, so wärest jetzt du mit deinem ganzen Haus dahin.«
Sie saßen beisammen bis Mitternacht. Da erscholl vom Weg draußen ein Gleiten und Schaben von den Windungen der Schlange über den Sand, und es pochte an die Tür. Rabbi Meïr sprach zu Juda: »Mache nicht auf, denn draußen steht jene, die dich erwürgen will« Und er stand auf und trat hinaus vor die Tür und sah da im Mondschein erglänzen die mächtigen Kreise der Schlange in den Staub geduckt.
Da machte sich Rabbi Meïr stark und rang mit ihr um den Eingang und fuhr sie hart an und sprach: »Was willst du hier? Dein Gericht kommt zu spät, du säumiger Bote, denn heute abend hat Juda zwei

Wohltaten getan, und noch ist in meiner Hand das Brot, das er mir gegeben hat für die Armen.«
Da sah die Schlange, daß Rabbi Meïr Gottes Gericht zuvorgekommen war, und sie schrie laut auf und rief: »Wehe, wenn die Oberen ein Urteil verhängen und die Unteren machen es zunichte!« Und sie schnellte sich gewaltsam in die Luft empor und stürzte nieder und war tot.
Da sprach Rabbi Meïr zu Juda: »Komm heraus und siehe deinen Tod zerschmettert!« Als Juda die furchtbare Schlange tot sah, zitterten all seine Glieder vor Entsetzen; er fiel nieder und küßte Rabbi Meïrs Hände und sprach: »Rabbi, wie soll ich dir danken, daß du mich errettet hast?«
Rabbi Meïr aber sprach streng: »Hüte dich, daß nicht eine neue Schlange aus deinem Herzen erwachse und dich erwürge, denn ein zweites Mal werde ich nicht wieder zwischen dich und den Tod treten.«
Da weinte Juda und schwor ihm, daß hinfort kein Armer ungespeist von ihm gehen sollte. Und Rabbi Meïr neigte sein Angesicht über ihn und hob ihn auf und führte ihn ins Haus zurück zu den Seinen.

Die Gnade der Reinheit

Rabbi Meïr hatte von Jugend auf sein Leben in strenger Zucht und Reinheit gehalten, so daß er weder mit Gedanken noch mit Gebärden oder Taten jemals zuchtlos wurde, und er war großen Lohnes in der künftigen Welt gewiß. Wenn er aber Menschen sah, denen die Leidenschaft über dem Kopf zusammenschlug, so daß sie in Sünde und Vergehen taumelten, dann spottete er aus der sicheren Festung seines reinen Lebens heraus über sie und verhöhnte ihre Torheit mit der Feinheit und Klugheit seiner scharfen Rede.

Seine Genossen sprachen zu ihm: »Meïr, laß ab zu spotten, sondern preise Gott, daß er in Gnade seine Hilfe dir leiht, dich in Reinheit und Unsträflichkeit zu bewahren.«

Rabbi Meïr aber lachte und sprach: »Es ist eine klare Rechnung und nichts von Gnade dabei, sondern jeder Kaufmann rechnet so: Für Leistung Lohn. Ist aber einer so töricht, daß er seinen ganzen Lohn der zukünftigen Welt eintauscht gegen eine dunkle Stunde der Lust, – ist der nicht zu verspotten?«

Eines Tages ging Rabbi Meïr am Fluß entlang, da sah er am jenseitigen Ufer ein sehr schönes Weib, das stand über das Wasser gebeugt und wusch sich, und halb verhüllte, halb entblößte ihr Kleid die glänzenden Glieder. Rabbi Meïr aber wußte nicht, daß der Versucher sich ihm in dieser Gestalt entgegenstellte, und sein ganzes Wesen entbrannte vor Verlangen nach dem Weib, so daß er alle Welt vergaß und nur suchte, wie er ans jenseitige Ufer komme, daß er sich an ihr stille. Es war aber an dieser Stelle keine Brücke, so ergriff er den Strick, der die Furt bezeichnete, hob sein Gewand und stieg ins Wasser.

Als er mitten im Fluß war, ließ der böse Trieb ihn aus seiner Umklammerung und sprach zu ihm: »O du frommer Rabbi! Wenn jetzt nicht der Himmel Erbarmen gehabt und mir geboten hätte, von dir abzulassen, so wäre dein Wille geschehen und du hättest deine ganze künftige Welt hingegeben für eine dunkle Stunde der Lust.«

Da kam Rabbi Meïr zur Besinnung und sah an sich hinab und fand sich im Wasser stehend mit entblößten Beinen und zerrauftem Gewand, wie ein unzüchtiger Trinker, der des Morgens aus dem Wirtshaus kommt und mit seinem Anblick den reinen Morgenhimmel schändet. Da erschrak er und kehrte eilends ans Ufer zurück, er warf sich zu Boden und verhüllte sein Haupt, und sein Stolz fiel von seinen zitternden und hilflosen Gliedern. Und er erkannte, daß vom Menschen der reine Wille gefordert wird, daß aber nur Gott Frucht des Willens geben kann, also beides, die Reinheit und ihr Lohn, aus Gottes Gnade kommt – der Mensch aber, eingekettet in dieses Schicksal, weder durch Sünde noch Tugend von Gottes Gnade sich lösen kann.

Als Rabbi Meïr nach langer Zeit vom Boden aufstand, waren seine Klugheit und sein Stolz sehr wertlos geworden. Aber eine neue Weisheit war in seinem Herzen gewachsen, die Weisheit der Demut, und sie machte ihn reicher als zuvor der Glanz all seiner Verdienste.

Buße

Als Rabbi Meïr nach Babel hinabzog, war sein Kleid zerrissen und Erde auf sein Haupt gestreut, und all sein Stolz und seine Ehre waren von ihm gewichen, denn er war einer Todsünde schuldig geworden. Seine Verwandten gaben ihm das Geleit und redeten ihm zu und sprachen: »Dein Vergehen ist gänzlich verborgen geblieben, warum willst du Schande über dich und uns bringen und es ausschreien? Siehe, Gott wird es gewiß nicht an dir heimsuchen und nicht als Sünde achten, denn du hast es ohne Willen getan, und in der Trunkenheit hat man dich verführt. Deine Seele aber war fern davon.«

Rabbi Meïr aber sprach: »Geht von mir, denn ihr werdet mir zu Versuchern. Wäre es noch nicht Sünde, so würde es dazu werden, wenn ich es verschwiege. Ich kann nicht leben, wenn eine heimliche Schande meine Seele erwürgt. Ich will nach Babel gehen und dem Vorsteher des Lehrhauses bekennen und den Tod über mich empfangen.«

Als er nach Babel kam, ging er hin zum Vorsteher des Lehrhauses und entdeckte ihm alles und bat um die Strafe. Der Vorsteher beriet sich mit den anderen Lehrern über die Sache und sprach danach zu Rabbi Meïr: »Wir haben in der Überlieferung geforscht und gefunden, daß als Strafe für dein Vergehen über dich verhängt ist, daß du von Löwen gefressen werdest.«

Da antwortete Rabbi Meïr: »Gelobt sei Gott! Tue mit mir, was du mußt.«
Da befahl der Vorsteher den Knechten: »Führt diesen Weisen hinaus in den Wald, wo der Löwe ist, und bindet ihn an Händen und Füßen und legt ihn daselbst nieder. Morgen früh aber geht und sammelt seine Gebeine, so will ich sie ehren und eine große Totenklage über ihn halten, denn er ist ein Weiser und hat seine Strafe willig auf sich genommen.«
Die Knechte nahmen Rabbi Meïr und führten ihn in den Wald, sie banden ihn an Händen und Füßen und legten ihn mit dem Gesicht zur Erde nieder und gingen davon.
Da lag er allein und die Nacht fiel über ihn. Er atmete den Geruch der Erde, die Finsternis um ihn wurde weit und bang, und er vernahm die Schleichwege der Raubtiere dumpf durch den Boden. Er bebte an seinen Gliedern vor Todesgrauen, aber seine Seele blieb ungebeugt, und er wartete Stunde um Stunde. Mitternacht, da kam der Löwe heran mit leisem Knurren, er sah den Liegenden und beroch ihn, daß sein heißer Atem feucht über den Nacken hinwehte. Danach wandte er sich und ging davon. Und Rabbi Meïr sah die Sonne aufgehen, und sein Herz jubelte über das Licht, das er nicht mehr zu sehen geglaubt hatte.
Als die Knechte kamen, seine Gebeine zu sammeln, fanden sie ihn am Leben, und sie gingen und berichteten staunend dem Vorsteher. Dieser sprach: »Er

soll auch die nächste Nacht draußen bleiben, daß ihn die Strafe erreiche.«
Und Rabbi Meïr lag die zweite Nacht einsam, und sein Herz klopfte gegen den Erdboden, in seinen Ohren rauschte verstört die Finsternis, und er wartete.
Mitternacht, da kam der Löwe heran mit drohendem Grollen, er rührte den Leib des Liegenden an und drehte ihn mit dem Gesicht nach oben. Dann wandte er sich und ging. Rabbi Meïr sah über sich zwischen den Bäumen die Sterne strahlen, und er bebte und sein Gesicht wurde naß von Tau und Tränen. Aber sein Herz blieb todesbereit.
Und da die Knechte kamen und ihn fanden, kündeten sie es wieder ihrem Herrn. Dieser sprach: »Er soll auch noch die dritte Nacht draußen bleiben, und wenn ihm dann nichts widerfährt, soll es mir ein Zeichen sein, daß kein Hehl ist an diesem Frommen.«
Und Rabbi Meïr lag die dritte Nacht, und sein Herz war erschöpft vom Warten auf den Tod.
Mitternacht, da kam der Löwe heran mit furchtbarem Brüllen, dicht schob sich sein grauenhafter Kopf hin über dem entsetzten Blick Rabbi Meïrs, und er schlug die Zähne in seine Brust über dem Herzen. Da schloß Rabbi Meïr die Augen und gab seine Seele Gott. Der Löwe aber brach einen Riß auf und fraß ein Stück des blutenden Fleisches. Danach wandte er sich und ging davon.
Als die Sonne aufging, fand Rabbi Meïr seine Seele

noch unter den Lebendigen. Das Licht jubelte in seinen Augen und sang in seinen Ohren, und eine Stimme erhob sich über ihn aus dem Licht hervor: »Heil Rabbi Meïr! Denn er hat sich das ewige Leben erworben.«
Als die Knechte kamen, fanden sie ihn in seinem Blut, aber Leben auf den bleichen Lippen und in den strahlenden Augen, und seine Schönheit leuchtete wie nie zuvor. Da hoben sie ihn auf und trugen ihn zurück. Und der Vorsteher lobte Gott und sprach: »Deine Strafe ist verbüßt und deine Sünde von dir genommen. Deines Herzens demütige Bereitschaft aber, da du Ehre und Leben gering geachtet hast vor Gottes Angesicht, die hat dir das Leben gerettet.«
Er nahm ihn auf in seinem Haus, bis die Wunde geheilt war, danach segnete er ihn und ließ ihn ziehen. Als Rabbi Meïr wieder in seine Stadt kam, begann er und lehrte: Groß ist die Buße!
Aber man sagte von ihm: Rabbi Meïr ist so rein, wer nur seinen Stab berührt, dessen Herz wird weise.

Das Pfand

An einem Sabbatausgang kam Rabbi Meïr aus dem Lehrhaus heim, und als er seinen Fuß über die Schwelle setzte, fand er sein Haus voll stummer Bangigkeit. Die Wände waren wie gebeugt von geheimer Last, der Boden seufzte unter seinen Schritten, und schwer lag die Dämmerung im Zimmer. Aber am gedeckten Tisch stand gerade aufgerichtet wie immer seine Frau Beruria mit ihrem ernsten Angesicht.

Da fragte Rabbi Meïr: »Wo sind meine beiden Söhne?«

Sie antwortete: »Sie sind ins Lehrhaus gegangen.«

Er sprach: »Ich habe mich dort umgesehen und habe sie nicht bemerkt.«

Sie gab ihm Wasser, daß er sich wasche, aber es war kalt wie Eis und überschauerte seine Hände. Sie gab ihm den Becher, und er sprach den Segen über die Scheidung von Sabbat und Werktag – und als er den Becher aus der erbebenden Hand setzte, fragte er: »Wo sind meine Knaben?«

»Sie sind wohl noch zu Freunden gegangen, schon mehrmals sind sie erst um diese Zeit zurückgekehrt.«

Sie stellte die Schüssel vor ihn, daß er esse, aber die Bissen würgten ihn. Er schob die Schüssel zurück und lobte Gott – und fragte mit dunkelnden Augen in die bange Leere hinein: »Wo sind meine Knaben?«

Sie sprach: »Rabbi, erlaube, daß ich eine Frage vor dir tue.«

Er sprach: »Frage!«

Sie sprach: »Vor Tagen kam ein Mann zu mir und gab mir ein Pfand zur Aufbewahrung, zwei goldene Armringe von großer Schönheit und Lieblichkeit, und mein Herz freute sich an ihnen, als wären sie mein eigen. Nun ist heute, während du im Lehrhaus warst, derselbe Mann wiedergekommen und hat das Pfand zurückverlangt. Soll ich es ihm nun wieder geben?«

Da sprach Rabbi Meïr streng: »Was fragst du? Zögerst du, ein anvertrautes Gut zurückzugeben?« Beruria erwiderte: »Nein, aber ich wollte es nicht ohne dein Wissen tun, denn auch du hattest dir angewöhnt, das Pfand als dein eigen zu betrachten.« Er sprach: »Was redest du?« und seine Stimme zerbrach. »Wo sind meine Kinder?«

Da nahm ihn Beruria bei der Hand und führte ihn in die Kammer, und sie hob die Decke vom Bett, siehe, da lagen die Knaben hold und schön, und sie waren beide tot. Da schrie Rabbi Meïr laut auf und warf sich über die Toten, seine Hände betasteten ihre kalten Glieder, und er jammerte: »Meine Kinder, o meine Kinder! O ihr meine Lehrer! Ihr wart meine Kinder nach der Weise des Leibes, aus meinem Fleisch und Blut geworden, aber euer Geist sollte mich überwachsen, eure reine Thora hat meine Augen erleuchtet und meine Seele erquickt. O meine Kinder, meine Kinder!«

Beruria aber stand hinter ihm bleich und ernst und sah auf sein Beben nieder, und sie erhob die Hand und sprach: »Rabbi, hast du mir nicht eben gesagt, wir müssen bereit sein, das Pfand zurückzugeben? Der Herr hat's gegeben, der Herr hat's genommen, der Name des Herrn sei gelobt.«

Da barg Rabbi Meïr sein Gesicht in den Händen und

beugte seine stolze Seele vor Gott. Sein Kopf sank auf den Rand des Lagers, und er sah sein Leben: eine mühselige Gegenwart, bis ins hohe Alter hinauf immer einsamer werdend, ohne eine reinere und lichtere Zukunft in seinen Kindern. Und er lag mit verhülltem Angesicht, bis er sagen konnte: Der Name des Herrn sei gelobt.

Eiche und Efeu

Einst saß Rabbi Meïr mit einigen Schülern im Zimmer und lehrte, und er sprach: »Es ist aber die Frau neben dem Mann wie der Efeu, der sich um die Eiche windet; sie braucht die Stütze des Mannes und kann nicht allein stehen wie er.«
Da mischte sich Beruria ein, des Lehrers weise Frau, die dabeisaß, und sie sprach: »Aber hast du nicht von der Eiche gehört, um die ein herrlicher Efeu sich schlang, und als dieser abgerissen wurde, verblutete die Eiche aus ihren Wunden und fiel?«
Da ärgerte sich Rabbi Meïr, daß sie ihm widersprach und ihn vor seinen Schülern beschämte, und er beschloß, ihr durch ein Beispiel zu beweisen, daß er recht habe. So beredete er sich insgeheim mit einem seiner Schüler, einem schönen, klugen und liebenswürdigen Jüngling, und er begann von dieser Zeit, sich von seiner Frau fernzuhalten. Er weilte wenig zu Hause, näherte sich ihr nicht in vertrautem Gespräch noch in Liebe, und sooft sie ihn um Rat frag-

te, beschied er kurz: er habe keine Zeit und sie solle sich an den Schüler wenden. Und überall, wo er nicht war, da war der Schüler um sie, mit Scherz und Ernst, immer bereit zur Hilfe, immer bereit, sie zu hören, mit gutem Rat und kluger Antwort und mit allem freundlichen Anteil, der von Rabbi Meïrs Gesicht verschwunden war. Und Beruria grämte sich um die unbegreiflich verlorene Liebe ihres Mannes, doch war sie zu stolz, durch schlichte Frauenbitte ihn zurückzurufen, und sie suchte ihn durch gelehrte Fragen zu halten. Rabbi Meïr aber entwich kühl und schlangenglatt aus all ihren Fragen und wies sie immer an den Schüler. So gewöhnte sie sich zuletzt, mit all ihren Anliegen gleich von selbst sich an den Schüler zu wenden und in seiner Zuneigung ihren Trost zu suchen. Und wenn sie allein saß und Schritte nahten, so erschrak sie, denn ihr Herz wußte in seiner Verwirrung nicht: lauschte sie auf Rabbi Meïrs stolzen Schritt oder auf die jugendlich leichten Tritte des Schülers? Der aber dann kam, war immer der Schüler. Und so geschah es, daß eines Tages des Jünglings Arm die Frau umfing, und ihre Lippen sanken aufeinander in einem Kuß. Im selben Augenblick ging die Tür auf, und Rabbi Meïr trat herein. Beruria erschrak furchtbar, sie schämte sich, daß ihr Fühlen abgewichen war von der Geradheit ihrer Liebe und Treue, und sie fürchtete sich vor ihres Mannes unbestechlicher strenger Reinheit. Rabbi Meïr aber erzürnte sich nicht, er trat herzu und sprach, die Hand erhebend, als stehe er im Lehrhaus: »Siehst du nun, meine Tochter, daß die Frau der Stütze des Mannes bedarf?«

Da erkannte Beruria, daß all ihr bitteres Irren nur seinem gekränkten Stolz hatte dienen müssen, daß er um eines Lehrsatzes willen mit unverstehender Hand an ihr Herz gerührt hatte; sie wandte ihr erbleichendes Angesicht von ihm ab und ging ins andere Zimmer und schloß hinter sich zu.

Rabbi Meïr stand siegreich, und er dachte, wieder anzuknüpfen und nach der langen Enthaltung seiner Frau sich zu freuen. Er folgte ihr, und als er die Tür verschlossen fand, sprach er: »Fürchte dich nicht vor mir, Beruria, und mache auf, denn ich will dir verzeihen und diesen Fehl vergessen.«

Aber sie antwortete nicht.

Er sprach: »Ich zürne dir nicht, denn siehe, ich selbst habe es verursacht, um dich zu belehren.«

Aber sie antwortete nicht.

Er sprach: »Kränke dich nicht, wir wollen es vergessen, und alles soll wieder sein wie vorher.«

Aber sie antwortete nicht. Und er erschrak.

Er sprach: »Zürne mir nicht, vergiß die Kränkung und mache auf, daß ich mit dir reden kann.«

Da wurde Rabbi Meïr müde, länger als ein Bittender und Erschrockener vor der verschlossenen Tür zu stehen, und er zerbrach den Riegel und trat herein. Er sah Beruria auf das Lager hingestreckt. Und als er hinzutrat, war keine Regung in ihrem bleichen Angesicht unter seinem Blick und kein Herzschlag in ihrer Brust unter seinen Händen.

Und die stolze Eiche blutete aus einer unheilbaren Wunde.

Das irdische Leben

Einst saß Rabbi Simon ben Jochai mit den andern Weisen zusammen, und sie sprachen über die Römer und sagten: »Wie herrlich sind die Werke der Römer! Wie kühn sind die Brücken, die sie über die Flüsse spannen, wie gewaltig sind die Märkte, die sie einrichten, und wie prachtvoll sind die Bäder, die sie bauen.«
Da wandte sich Rabbi Simon ben Jochai gegen sie und sprach: »Wie herrlich auch ihre Werke sind, so müssen sie doch zerfallen, denn Gottes Geist ist nicht drin. Ihre Brücken bauen sie, um Zoll zu erheben, ihre Märkte zum Sammelplatz ihrer Leichtfertigen und die Bäder zu ihrer Fleischeslust.«
Dies Wort wurde den Römern hinterbracht, und sie fahndeten nach ihm, denn sie sprachen: Er empört das Volk gegen unsere Herrschaft.
Rabbi Simon ben Jochai aber machte sich auf mit Rabbi Eleasar, seinem Sohn, und floh in eine wüste Gegend. Dort fand er eine Höhle, darinnen floß ein Quell und wuchs ein Johannisbrotbaum, und er sprach: »Hier wollen wir bleiben und uns verbergen, denn hier ist für all unsere Bedürfnisse gesorgt.« Und sie blieben daselbst und zogen ihre Kleider aus und gruben sich in den Sand, denn sie

hatten keine anderen Kleider anzuziehen, wenn diese zerrissen waren. Und sie begannen zu forschen in der Schrift Gottes. Wenn aber die Gebetsstunde kam, standen sie auf und zogen ihre Kleider an und beteten und lobten Gott. Danach gruben sie sich wieder in den Sand. Und so taten sie Tag für Tag. Sie forschten in der Schrift, solange der Tag Licht gab, und wenn Nacht kam und nahm es hinweg, so lagen sie im Dunkel und bewegten in ihren Herzen, was sie gelesen hatten. Und es kam kein anderer Gedanke zu ihnen all die Zeit.

Als zwölf Jahre um waren, erschien der Prophet Elia und rief die beiden aus der Höhle, denn ihr Verfolger war gestorben. Und sie machten sich eilends auf, zogen ihre Kleider an und traten hinaus. Als sie ins Freie kamen, siehe, da fanden sie vor ihren die Öde gewohnten Augen das Land bevölkert, und es war ein Dorf gebaut worden und die Leute waren beschäftigt mit ihrer Arbeit. Auf dem Felde wurde gepflügt und gesät, vor dem Dorfe hatte ein Färber seine frischgefärbten bunten Stoffe zum Trocknen aufgehängt, zwischen den Häusern hervor kam ein Hochzeitszug mit Kränzen und Gesang, und auf der Straße wurden Steine gefahren zu einem Neubau.

Da Rabbi Simon ben Jochai in das geschäftige Treiben sah und hörte alle Menschenlaute durch die Luft an sein Schweigen gewohntes Ohr schlagen, da ergrimmte er und rief: »Was verschwenden diese ihre Seele an die Eitelkeiten des irdischen Lebens und vergessen darüber das Wichtigste, an das himmlische Leben zu denken und in Gottes Wort zu forschen Tag und Nacht, sich zum Nutzen und Gott zum Preis!« Und in seinem Zorn wurde sein Blick wie eine Feuerflamme und verbrannte alles, worauf er fiel: verbrannte Pflug und Samen und Bäume, verbrannte den bunten Stoff, die Kränze der Hochzeit und die Bausteine.

Da erscholl eine Stimme vom Himmel: »Was verbrennst du meine Erde? Habe ich geschaffen, damit du zerstörst? Weißt du nicht anders mein Werk zu ehren? Wenn du nichts Besseres aus meinem Wort gelesen hast, auf, hinweg mit dir und zurück in die Höhle, und fange von vorn an zu lernen!«

Da floh Simon ben Jochai hinweg in großer Angst und Trauer und kehrte zurück in die Höhle mit seinem Sohn. Weinend zog er seine Kleider aus und grub sich in den Sand, er beugte den Kopf über das Buch, und in Demut und Gehorsam begann er von vorne zu lernen.

Als ein Jahr um war, erschien wieder Elia und rief sie aus der Höhle, und als sie hinaustraten, siehe, da war alles Verbrannte wieder ganz geworden, und wieder waren die Menschen in Eifer und Fröhlichkeit an ihrem Werk. Und da sie das sahen, ergrimmte Rabbi Eleasar, der Sohn, und rief: »Was verschwenden diese ihre Seele an die Eitelkeiten des irdischen Lebens und vergessen darüber das Wichtigste, an das himmlische Leben zu denken und in Gottes Wort zu forschen Tag und Nacht, sich zum Nutzen und Gott zum Preis!« Und in seinem Zorn wur-

de sein Blick wie eine Feuerflamme und verbrannte alles, worauf er fiel.
Da sprach Simon ben Jochai: »O Sohn, halt ein! Denn anders habe ich gelernt, da ich Gottes Stimme hörte und den Hochmut von mir abtat.« Und wohin sein Blick fiel, da heilte er alles, was sein Sohn verbrannt hatte, und wieder stand die Welt schön und heil im sanften Licht des Abends.
Da sprach Rabbi Simon ben Jochai: »Mir ist ein Wunder widerfahren! Gott hat in seiner Gnade mich gelehrt, sein Werk zu ehren, nicht durch Verachtung und Abkehrung, sondern durch demütige Arbeit und fromme Freude. Und nun, so will ich dem ein Andenken stiften und will eine Einrichtung machen zum allgemeinen Wohl. Sei es, daß ich eine Brücke baue, auf daß die Getrennten zueinander kommen und sich verstehen, sei es, daß ich einen Markt einrichte zur gerechten Verteilung der Güter oder ein Bad baue zur gesunden Freude.«

Rabbi Jehudas Tod

Als Rabbi Jehuda zum Sterben kam, versammelte sich das ganze Volk um sein Haus, und sie klagten und gebärdeten sich heftig in ihrem Schmerz und sprachen: »Wer uns verkündet: Er ist tot, – den wollen wir erschlagen.«
Die Weisen aber taten sich zusammen und sprachen: »Wir wollen beten um das Leben unseres Fürsten,

daß er nicht sterbe.« Und sie standen vor dem Haus und beteten ohne Unterlaß, und solange sie im Gebet standen, konnte der Todesengel nicht eindringen in das Haus.
Nun lebte in Rabbi Jehudas Haus eine alte Magd, die hatte ihn schon auf den Armen getragen, da er noch ein Knabe war, und sie liebte ihn, und er war so recht die Mitte ihres Lebens. Seine Ehre war ihre Ehre, sein Reichtum war ihr Reichtum, seine Weisheit war ihre Weisheit, und sein Glück war ihr Glück. Als seine lange Krankheit nun immer schlimmer wurde, da wurde ihr todesbang, denn es sollte die innerste Mitte aus ihrem Leben herausgebrochen werden. Da stieg sie hinauf aufs Dach und sah drunten vor dem Haus die Weisen beten, und sie mischte in der Angst ihres Herzens ihr einfaches ungelehrtes Gebet dazu und sprach: »Die Engel wollen meinen Rabbi haben, die Menschen wollen meinen Rabbi behalten. O Gott, ich bitte, daß die Menschen siegen und er bei uns bleibt.«
Danach stieg sie wieder hinab ins Krankenzimmer. Da sah sie, daß Rabbi Jehuda schwer litt im Todeskampf, sein Gesicht war verfallen vor Erschöpfung, seine Augen brannten, und sein Leib warf sich hin und her in den Kissen und konnte doch keine Ruhe finden vor den Schmerzen. Und er sprach in der Bitterkeit seines Herzens: »Herr der Welt! Du weißt es wohl, daß ich mit all meinen Fingern mich gemüht habe für die Lehre und nicht mehr als eines kleinen Fingers Ertrag genossen habe. So höre doch

meine letzte Bitte und laß Frieden sein in meinem Todesschlaf.«

Als die alte Magd dies hörte, da weinte sie bitterlich, und sie erbarmte sich über die Leiden ihres Herrn. Und sie opferte die innerste Mitte aus ihrem Leben und ging wieder hinauf aufs Dach und betete und sprach mit Weinen: »So mögen doch die Engel siegen und meinen Rabbi hinwegnehmen aus seinen Leiden.«

Als sie aber geendet hatte und sich umsah, da gewahrte sie, daß rings um das Haus vieles Volk gelagert war, und die Weisen unten standen immer noch im Gebet und verwehrten dem Todesengel den Eingang mit ihrem Flehen, aus dem Haus heraus aber drang Rabbi Jehudas erschöpftes Stöhnen. Da begehrte ihr Herz das Gebet der Weisen zu vernichten, und sie nahm einen Eimer mit Wasser, der neben ihr stand, und schüttete ihn vom Dach hinab vor die Füße der Weisen, daß sie erschrocken zurückwichen und ihr Gebet unterbrachen. So fand Rabbi Jehudas Seele den Ausgang zur Ruhe.

Als die Weisen sahen, daß sie ihr Flehen unterbrochen hatten, fürchteten sie sich und sprachen zu Bar Kappara: »Geh hinein und sieh, was geschehen ist.« Bar Kappara ging, und als er ins Zimmer kam, sah er die alte Magd am Ende des Lagers kauern mit heißen Tränen, die über ihres Herrn Füße flossen, sein Gesicht lag in den Kissen weiß und still und verödet, und Bar Kappara sah, daß Rabbi Jehuda geschieden war.

Da fürchtete er sich, dem Volk die Nachricht zu bringen, aber sie drängten um die Kunde, und er trat hinaus vor die Tür. Bar Kappara aber war ein Dichter, und er hob an und dichtete und sang:

Engel und Gerechte kämpfen um die Bundeslade,
Die Engel siegten und trugen sie davon.

Da sprach das Volk: »Er ist tot!«
Er sprach: »Ihr habt es gesagt, nicht ich.«
Und er weinte.
Da erhoben sie all ihre Stimmen und weinten und sprachen: »Weh, unser Heiliger ist geschieden! Ach weh, dieser bittere Trauertag! Rein war er im Leben und rein ist er im Tod, ihn zu berühren ist den Priestern nicht verboten, sondern eine Ehre.«
Und die Priester gingen hinein ins Haus, dem Toten zu dienen.

Rab Kahana

Als Rab Kahana von Babylon heraufkam ins Land Israel, um von Rabbi Jochanan, dem berühmtesten Lehrer seiner Zeit, die letzte Vollendung seiner Weisheit zu lernen, bedrängte er ihn mit schweren, scharfsinnigen Fragen, und Rabbi Jochanan wußte ihm nicht zu antworten.
Rabbi Jochanan saß auf sieben Kissen und lehrte. Bei jeder Frage aber, die er nicht beantworten konn-

te, nahm er eines der Kissen weg und erniedrigte sich selbst, bis er auf dem Erdboden saß. Da stand er auf und war beschämt und grämte sich.
Rabbi Jochanan war aber sehr alt, und seine glänzende Schönheit war verfallen, die stolzen Bögen seiner Brauen waren eingesunkene Paläste und hingen ihm düster über die Augen, seine Hände waren verbogen und blutlos, und er konnte sie nicht mehr zur Stirne heben. Da sprach er zu seinen Schülern: »Streichet mir die Brauen von den Augen, daß ich den jungen Löwen aus Babel sehen kann, der gekommen ist, mein Schüler zu werden.« Und sie kamen mit einer silbernen Bürste und strichen ihm die Brauen von den Augen, und als er den Blick wendete auf Rab Kahana, stand der und lächelte.
Da ergrimmte sein Herz, und sein Stolz bäumte sich auf, daß Jugendkraft, Schönheit und Weisheit nicht mehr das glänzende Gefolge seiner Siegesbahn waren, sondern Jüngere ihn überwanden und in ihrem Aufblühen über den Unterliegenden und Absterbenden noch lächelten, und sein Blick fiel so düster stechend über Rab Kahana, daß der tot umstürzte. Die Arme der Schüler fingen den Sinkenden auf, das bewegte geistvolle Leben seiner Augen brach, und nur der erbleichende Mund blieb geschweift in geheimnisvollem Lächeln.
Rabbi Jochanan aber wandte sich schweigend hinweg und ging hinaus.
Am andern Tage, da Rabbi Jochanan ins Lehrhaus kam, sah er die Gesichter der Schüler bestürzt über

den Tod ihres Genossen, und er sprach: »Ist ihm nicht recht geschehen, da er seinen Lehrer verlacht hat?«

Sie aber sprachen: »O Herr, er hat nicht gelächelt, sondern dies war die gewohnte Bildung seines Mundes alle Tage.«

Da wandte sich Rabbi Jochanan in Schweigen und ging hinaus, bis er an die Grabhöhle Rab Kahanas kam, und da, siehe, war eine Schlange um den Griff der Tür gewickelt. Und Rabbi Jochanan sprach zur Schlange: »Gib die Tür frei, daß der Lehrer hineingehe zu seinem Schüler.« Die Schlange aber regte sich nicht und sah nur mit dem funkelnden Leben ihrer Augen ihn an. Da beugte Rabbi Jochanan seinen Stolz und sprach: »Gib die Tür frei, daß der Genosse hineingehe zu seinem Genossen.« Aber die Schlange blieb bewegungslos und starrte ihn nur an mit stechendem Blick.

Da rang Rabbi Jochanan mit sich selbst, sein stolzer Mund wollte das demütige Wort nicht sprechen, und er stand schweigend. Aber da die Schlange nicht wich, beugte er sich und sprach gramvoll: »Gib die Tür frei, daß der Schüler hineingehe zu seinem Lehrer.« Und kaum hatte er das Wort ausgesprochen, so glitt die Schlange blitzschnell vom Griff und verschwand zwischen den Steinen.

Rabbi Jochanan aber trat hinein in die Grabhöhle mit seinem Licht und sah da Rab Kahana liegen, und im toten Gesicht ruhte der bleiche Mund, geschweift wie im Lächeln. Da sah Rabbi Jochanan, daß dies in Wahrheit die Bildung seines Mundes war. Die Gestalt Rabbi Jochanans versank greisenhaft in den Schultern unter der Last seiner Tat, und er warf sich nieder über Rab Kahanas Füße und flehte um Erbarmen.

Und siehe, es hoben sich die Lider im Gesicht des Toten und taten sich auf, und der bleiche Mund sprach: »Was suchst du hier in meiner Ruhe?«

Und Rabbi Jochanan anwortete und sprach: »Wehe mir! Hätte ich gewußt, daß es dir zum Tode würde, ich hätte meine Eifersucht und meinen Blick dir fern gehalten. So habe ich dich Schuldlosen getötet, und ich komme nun zu dir und bitte dich, gehe mit mir und komme ins Lehrhaus, daß du unser aller Lehrer seiest und uns deine Weisheit lehrst.«

Da antwortete der Tote: »Vermagst du es, für mich zu erbitten, daß ich nicht mehr sterbe, so will ich mit dir gehen. Vermagst du es aber nicht, so gehe ich auch nicht mit dir. Bitter über alle Worte ist der Tod, das Zerreißen zwischen Leib und Seele, und ist die Stunde vorüber, wohl ihm, dem sie vorüber ist, ihn wird aller Glanz nicht wieder zurücklocken.«

Da strömten Rabbi Jochanans Augen Tränen über die Füße des Toten, und er sprach: »So lehre mich doch deine Weisheit, daß sie nicht mit dir dahingehe.«

Und Rab Kahana hob an zu lehren, die Wände der Höhle widerhallten von seinen weisen Worten mit ihrem tiefen Sinn, und er lehrte über das gesunkene Haupt des Greises hinweg, bis das Licht erlosch und

der wie im Lächeln geschweifte Mund ins ewige Schweigen verstummte.
Rabbi Jochanan aber ging hinaus aus der Grabhöhle, gebeugt und gebrochen. Und hinfort, sooft er lehrte, sprach er: »Es ist nicht meine Weisheit, die ich euch lehre, sondern jener Babylonier, der zu uns heraufkam, er hat euch dies gelehrt.«

Gottes Gerechtigkeit

Rabbi Josua ben Levi war ein Gerechter ohne Fehl; er betete zu Gott, daß er den Propheten Elia sehen möge, und er sah ihn. Und er sprach zu ihm: »Möge es dir gefallen, daß ich dich auf deinen Wanderungen begleite und sehe, was du in Gottes Auftrag wirkst, denn mein Herz begehrt Gottes Gerechtigkeit zu sehen und darin zu jubeln.«
Da antwortete ihm der Prophet Elia: »Laß ab von deinem Verlangen, denn du wirst nicht fassen noch ertragen können, was ich tue.«
Rabbi Josua aber sprach: »Weiß ich nicht Gottes Gerechtigkeit, und kann ich ihr Wirken nicht erkennen?«
Und er bat, bis Elia es ihm gewährte, aber der sprach: »Hüte dich, daß du mich nicht fragst, warum ich so tue, denn im Augenblick, wo du fragst, ist deine Wanderung mit mir zu Ende.«
Und sie gingen und wanderten hin und her den ganzen Tag auf der grünbunten Menschenerde. Da es

Abend wurde, kamen sie an eine kleine Hütte, und der arme Mann, dem sie gehörte, eilte den beiden Wanderern entgegen und lud sie in sein Haus. Als sie eintraten, bat er sie zu sitzen und brachte Wasser zum Waschen und ehrte sie, und die Frau eilte und trug Essen auf, Milch von der einzigen Kuh und Brot und Früchte. Und als sie sich schlafen legen wollten, bereitete der Mann ihnen das Lager aus seinen eigenen Decken, er selbst aber und seine Frau lagen auf dem bloßen Boden. Da freute sich Rabbi Josuas Herz an der Freundlichkeit der Armen, und er dachte: Gewiß wird Elia sie belohnen durch Gottes Gerechtigkeit, so daß sie ihr Leben nicht weiter in Armut verbringen müssen.

Als es nun aber Morgen wurde, stand Elia auf und tötete die Kuh, den einzigen Besitz der Armen. Und Rabbi Josua sah erschrocken auf Elia, dieser aber blickte streng an ihm vorbei, daß er nicht zu fragen wagte. Sie gingen hinweg, während die armen Leute über ihren Verlust jammerten, und sie wanderten hin und her den ganzen Tag auf der grünbunten Menschenerde.

Da es Abend wurde, kamen sie an ein großes schönes Haus, und sie gingen hinein und fragten den Herrn, ob sie bei ihm über Nacht bleiben könnten. Er aber sah mürrisch drein und sprach: »Was soll ich mich um die Bettler kümmern? Geht hin und legt euch in den Stall.«

Und sie lagerten sich im Stall bei den Tieren, unerquickt und mit staubigen Füßen. Da zürnte Rabbi

Josua in seinem Herzen und dachte: Elia möge den Hartherzigen nur recht bestrafen aus Gottes Gerechtigkeit.
Als es nun aber Morgen wurde, stand Elia auf und ging hinaus. Es stand dort auf dem Hof eine baufällige Mauer, die war geneigt und drohte großen Schaden anzurichten an Besitz und Leben. Und Elia stellte sich und richtete sie wieder auf und befestigte sie. Da dachte Rabbi Josua bitter: Den Guten tut er Leid und den Bösen Liebes, – wie soll ich das verstehen? Ist das Gerechtigkeit? Aber vor des Propheten dunklem Blick bezwang er sein Fragen, und sie gingen hinweg und wanderten hin und her auf der grünbunten Menschenerde.
Als es Abend wurde, kamen sie in eine große Stadt und gingen daselbst ins Bethaus, das prächtig und schön geziert war, und die Männer der Stadt saßen da, wohl angetan und nach ihren Ehren geordnet. Da nun aber das Gebet zu Ende war, sprachen die Männer einer zum andern: »Wer soll die beiden Wanderer aufnehmen?« Aber keiner wollte sie in sein Haus laden, und sie sprachen: »Mögen sie doch im Bethaus bleiben die Nacht.«
Und so blieben sie im Bethaus die ganze Nacht, unerquickt und mit staubigen Füßen. Am andern Morgen aber, als die Männer wieder kamen zum Gebet, nahm Elia Abschied von ihnen und sprach. »Möget ihr alle Stadtoberste werden!«
Da wurde Rabbi Josuas Herz verzagt in seinen Tiefen um die Gerechtigkeit Gottes, und er verhüllte

sein Angesicht mit dem Mantel, aber er fragte nicht. Und sie wanderten hin und her den ganzen Tag auf der grünbunten Menschenerde. Als es Abend wurde, kamen sie an ein Haus; der Besitzer hieß sie willkommen und führte sie herein, er brachte ihnen Wasser zum Waschen und diente ihnen und trug reichlich Speise auf. Er redete freundlich mit ihnen und zeigte ihnen seinen einzigen Sohn, ein schönes Kind in der Wiege, und er bereitete ihnen das Lager, daß sie sich niederlegten. Rabbi Josua aber bangte die ganze Nacht in Traurigkeit und wußte den Stimmen seines Geistes nicht mehr Schweigen zu gebieten. Und da der Morgen kam, stand Elia auf und tötete das Kind in der Wiege. Sie gingen hinweg, und die gellenden Jammerschreie des schwergetroffenen Vaters hallten hinter ihnen drein.

Da zerriß Rabbi Josua sein Gewand und rief: »Mir graut vor dir! Ist dies Gottes Gerechtigkeit, daß den Frommen Leid geschieht und den Bösen Liebes, so will ich laut Wehe schreien, denn mein Herz hat Gott verloren, dem es diente.«

Da reckte sich Elia hoch empor und sprach mit gewaltiger Stimme: »Was lallst du Wurm mit deiner irdischen Zunge von Gottes Gerechtigkeit? Habe ich dir nicht gesagt, daß du nicht wirst ertragen können, was ich tue?«

Rabbi Josua aber warf sich nieder auf die Knie und schlug sein Haupt gegen die Erde und schrie: »Sage, warum du das alles getan hast, oder ich sterbe!«

Und Elia sprach: »Du bist ein Gerechter ohne Fehl, und deine Treue ist nicht größer vor Gott?«
Rabbi Josua aber küßte den Staub vor den Füßen Elias in seines Herzens Verzweiflung. Da sprach Elia: »Nun wohl, ich will dir alles erklären. Der Arme, dessen Kuh ich tötete, der hatte sich verschuldet. Um seiner Frömmigkeit willen aber wollte Gott die Schuld nicht an ihm oder seinem Weib heimsuchen und nahm die Kuh als Sühnopfer an. Der Mann, dem ich die Mauer stützte, – unter der Mauer war ein Schatz verborgen, und hätte er selbst sie erneuert, so hätte er den Schatz gefunden und wäre mit diesem Reichtum noch viel hartherziger und böser geworden. Jenen hochmütigen Männern habe ich gewünscht, daß sie alle Stadtoberste werden sollten, denn eine Stadt, die viele Oberste hat, wird in Zank bestehen und in Streit untergehen, und ihr eigener Hochmut wird sie bestrafen. Den Knaben aber habe ich getötet, weil sein Vater in seiner Liebe ihn zu Macht und Reichtum bringen will und vor Betrug und Gewalt nicht zurückschreckt. Nun aber wird er zu seiner früheren Redlichkeit zurückkehren.«
Und Elia sprach: »Steh auf, Mensch! Denn unsere Reise ist zu Ende. Was du gesehen hast, wirst du überall sehen, so weit du auch wandern magst hin und her auf der Erde. Wenn du aber den Bösen siehest in Lust und Freude leben und siehest den Frommen liegen in Armut und Schmerzen, so laß deine Treue vor Gott groß und demütig sein. Wer bist du,

daß du dich erfrechen darfst, die Wege des Allweisen zu kennen und die Pfade des Unbegreiflichen zu erforschen? Genug, daß du weißt, was dir zu deiner Gerechtigkeit not ist – so schweige von Gottes Gerechtigkeit, die dir zu hoch ist.«
Und Elia wandte sich von ihm ab und verschwand. Rabbi Josua aber lag vor Gott im Gebet.

Gottes Zorn

Rabbi Josua ben Levi hatte einen Widersacher, einen Nachbarn, der ihm immer widerstritt; alles Tun des Rabbi höhnte er mit verdrehten Schriftversen, und seine Verordnungen verspottete er. Da er eine große Kenntnis hatte, fielen ihm immer passende Verse ein, also daß Rabbi Josua all seine Schritte gefangen fand in den Schlingen des Spottes und sich im Kreis der Übelwollenden zum Gelächter geworden sah. Da ergrimmte sein Herz in Leidenschaft über den Spötter, und als er ihn in guter Gesundheit und ungestörtem Wohlstand behaglich dahinleben sah wie einen Frommen, da beschloß er, ihn zu verfluchen und ihn seiner Strafe zu übergeben.
Die Weisen haben eine Überlieferung, daß in einer Stunde der Nacht einen Augenblick lang Gottes Erbarmen die Herrschaft verliert über seinen Zorn, so daß in maßlosem Toben der wütende Grimm aufbricht. Nur einen Augenblick – dann gewinnt wieder das Erbarmen die Herrschaft und rettet den Be-

stand der Welt. Aber wenn ein Fluch in diesem Augenblick Gottes Ohr erreicht, so wird er sofort erfüllt, eine grauenvolle Ahnung der Vernichtungsmacht Gottes.

Und welches ist der Augenblick? Wenn dem Hahn, der auf einem Bein stehend schläft, der Kamm bleich wird und weiß.

Rabbi Josua beschloß, diesen Augenblick von Gottes Zorn zu benutzen, um seinen Widersacher zu verfluchen. Er verschaffte sich einen Hahn und band ihn an seinem Bettpfosten fest, dann setzte er sich vor ihn hin und blickte auf seinen Kamm, daß er den schrecklichen Augenblick erkenne.

So saß Rabbi Josua, während draußen der Tag verstummte und die Stille der Nacht sich über die Stadt ausbreitete. Ringsum in den Häusern hatten die Menschen ihr Lager gesucht und mit Gebeten ihre schutzbedürftige Seele der Barmherzigkeit Gottes empfohlen und schliefen nun vertrauensvoll inmitten der Schrecken der Nacht. Rabbi Josua aber vertraute nicht auf das Erbarmen wie die ganze Welt, sondern wartete einzig und allein auf den Augenblick des Zorns. Seine Seele war wie eine andere Welt, abgetrennt von aller Gemeinsamkeit, vereinsamt in ihrem ungeheuerlichen Begehren, aber sein Haß und Racheverlangen legten sich nicht.

In ihrer schweigenden Endlosigkeit zogen die dunklen Stunden der Nacht dahin, langsam bleichte der Kamm des Hahnes, nur noch von roten Streifen durchzogen, Rabbi Josuas Augen starrten gebannt

darauf hin, und sein Herzschlag war schwer und dumpf. Als aber der Augenblick nahte, sank sein Kopf auf den Rand des Bettes, und er schlief ein.
Als er wieder erwachte, sah er, daß der Augenblick des Zorns über seine schutzlose Seele dahingegangen war und hatte ihn nicht vernichtet, und siehe, er war wieder geworden wie alle Menschen ringsum, die auf das Erbarmen hoffen und nicht auf den Zorn.
Da stand Rabbi Josua auf und betete und sprach: »Gelobt sei Gott! Er will nicht, daß der Mensch mit irdischer Hand an die Unbegreiflichkeit seines Zorns rühre, sondern wer des Erbarmens bedarf, soll es selbst an seinem Nebenmenschen üben.«
Hinfort wappnete sich Rabbi Josua mit Erbarmen, und die Worte seines Widersachers kränkten ihn nicht mehr.

Die Mischna der Frommen

Zu Rabbi Josua ben Levi kam eines Tages ein Flüchtling und sprach: »Die Häscher des Königreichs sind hinter mir, um einer Staatssache willen mein Leben zu nehmen, verbirg du mich und errette mich!« Und Rabbi Josua sah sein gehetztes Angesicht und nahm ihn auf in seinem Haus und verbarg ihn.
Gegen Abend umringten die Häscher die Stadt und sandten einen Boten hinein und ließen sagen: »Der

Flüchtling ist in diese Stadt geflohen. Gebt ihn heraus, wo nicht, so soll euer aller Leben für seines büßen.« Da lief das Volk auf dem Markt zusammen, die Weiber erhoben ihre Stimme in Geschrei, und die Menge brandete um Rabbi Josua, daß er ihnen rate und helfe. Er aber stand bleich und still in ihrer Mitte, als er, das Haupt der Gemeinde, mit dem Boten verhandelte. Und er erbat Bedenkzeit, die ihm gewährt wurde bis zum Morgen. Wenn dann der Flüchtling nicht herausgegeben würde, so sollte die Stadt zerstört und ihre Bewohner sollten getötet werden.

Der Bote ging. Die Straßen der Stadt aber waren voll erregter Menschen, die stritten und jammerten, einer beschuldigte den andern, er halte den Flüchtling verborgen, und sie umdrängten Rabbi Josua mit ihren Klagen.

Da es Nacht war, saß Rabbi Josua in seiner Stube bei der brennenden Lampe. Vor dem verhüllten Fenster klang noch das Heulen aufgeregter Weiber und das Wimmern unverstehender Kinder, die besinnungslos in das Geschrei der Mütter einstimmten. Im Zimmer war es still. In den Decken des Lagers ruhte der Flüchtling in erschöpftem Schlaf, das Licht der Lampe entdeckte scharfe Schatten in seinem unter Träumen angstvoll zuckenden Gesicht. Rabbi Josua aber saß in Bangigkeit über der schweren Entscheidung, die ihm aufgeladen war, und wußte sich nicht zu helfen. Leben lag in seinen Händen. In der einen dies gehetzte, das zu ihm geflohen war, in der an-

dern das Leben seiner Gemeinde. Durfte er den vertrauenden Flüchtling opfern? Durfte er die ihm anvertrauten Menschen in Gefahr bringen? Er bebte, daß er nicht mit reinem Herzen die Frage entscheide, an der er selbst so nah beteiligt war. Und er wagte nicht allein zu handeln, zu verantworten die furchtbare Wahl, sondern suchte sich Rat bei den Meistern der Lehre, die vor ihm gewesen waren. Wie die Stunden der Nacht dahingingen und es draußen still wurde, saß er vor der Lampe gebeugt und forschte im Gesetz und in der Mischna; sein Gesicht war gespannt in strengem Aufmerken, und in der lampenhellen geschlossenen Stille klang das Knistern des Papiers und der schwere Herzschlag des Bangenden. Vom Lager aber wehte der gepreßte Atem des Flüchtlings. Und zuletzt fand er in all seinem Suchen ein Wort, das entschied: »Wenn das Leben vieler in Gefahr ist, so darf der Angeklagte ausgeliefert werden.«
Er lehnte sich zurück im Stuhl und atmete tief auf. Hinterm Fenstervorhang graute schon der Morgen. Und er wandte sich ins Zimmer zurück. Das Licht der Lampe, ermattend im beginnenden Dämmern, verwischte im Gesicht des Schlafenden die harten Schatten und ließ es weich und einfach erscheinen, die in den Falten der Decke verkrampften Hände hatten sich gelöst und lagen sanft und vertrauend geöffnet. Rabbi Josua aber sah mit schlaflos brennenden Augen übergroß die Schrift der Mischna und erkannte nicht die Schrift im Angesicht des

Menschen, er beugte sich über das Lager und rüttelte den Schlafenden wach.
Der fuhr auf, in unverstandenes Grauen zurückgestürzt. Und Rabbi Josua sprach mit fliegender Stimme: »Gestern abend waren die Häscher hier und haben gedroht, wenn du bis zum Morgen nicht ausgeliefert würdest, so wollten sie die Stadt zerstören und die Bewohner töten.«
Die Augen des Flüchtlings waren weit aufgerissen in stummer Frage. »Was wirst du tun?«
»Ich bin verantwortlich für die Gemeinde«, antwortete Rabbi Josua tonlos. »Von meiner Hand wird ihr Leben gefordert. Ich aber habe nach bestem Wissen und Gewissen die Mischna durchforscht und habe eine Vorschrift gefunden: Wo das Leben vieler in Gefahr steht, darf der Angeklagte ausgeliefert werden.«
Der Flüchtling sank zurück, in der grauen Helle des Morgens der letzten Angst des Todes hingeworfen, und Rabbi Josua sprach hastig weiter: »Entkommen kannst du nicht, denn die Stadt ist von den Häschern umstellt. Ich aber muß dich ausliefern um der vielen Leben willen, die mir anvertraut sind. Auch sonst kann sich niemand deiner annehmen. So erspare mir die letzte Bitterkeit, daß ich Gewalt gegen dich anwende, und liefere dich selbst aus.« Des Lehrers Entschlossenheit aber war größere Gewalt als Faust und Schlag. Der Flüchtling sah die letzte Brücke seiner Rettung brechen.
Vor der Stadt erschollen die Signale der Häscher;

heulend vor Angst stürzte das Volk gegen Rabbi Josuas Haus. Und er stand bleich und still in ihrer drängenden Mitte, während der Flüchtling hinausging, sein einziges Leben zu opfern.
In der nächsten Nacht saß Rabbi Josua wieder still bei der Lampe. Draußen auf der Straße verklang der Jubel des geretteten Volkes, das letzte Lachen der Weiber samt dem unverstehenden Jauchzen der Kinder verhallte hinter Türen. Sein Gesicht war bleich, er wußte seine Gemeinde in Sicherheit und den Flüchtling tot – und wieder prüfte er alles nach, was seinen Entschluß bestimmt hatte. In der lampenhellen, geschlossenen Stille klang nur sein schwerer Herzschlag und das Knistern des Papiers, ohne Atem ruhte das leere Lager – Rabbi Josua bangte, seine Glieder unter der Decke zu bergen, darin es noch war wie die letzte Lebenswärme des Geopferten.
Da plötzlich bemerkte er in der Stille draußen leises Bewegen an der Wand entlang, und die Tür öffnete sich. Rabbi Josua fuhr auf, – doch war es nicht der Flüchtling, der hereingetreten war, der nächtliche Gast war groß und stark, mit langem Bart herabwallend über den rauhen Mantel: es war der Prophet Elia. Da stand Rabbi Josua auf und grüßte ihn mit schweigendem Gruß. Der Prophet aber sah stumm im stillen lampenhellen Zimmer umher, endlich deutete er auf das leere Lager und fragte: »Wo ist der Flüchtling?«
Rabbi Josua erschrak und antwortete hastig: »Die

Häscher drohten, wenn er nicht ausgeliefert würde, die ganze Stadt zu zerstören. Ich aber forschte nach bestem Gewissen in der Mischna und fand eine Vorschrift: Wo das Leben vieler in Gefahr steht, darf der Angeklagte ausgeliefert werden.«

Der Prophet aber stand, als höre er nicht, und wieder deutete er auf das Lager und fragte: »Wo ist der Flüchtling?«

Da sank Rabbi Josua in seinen Stuhl zurück und bedeckte sein Gesicht mit den Händen, denn er konnte vor dem düster forschenden Blick des Propheten nicht bestehen, und antwortete bebend: »Er ist gegangen, sich selbst auszuliefern, denn ich sprach mit ihm, und ich fand eine Vorschrift in der Mischna...«

Da trat der Prophet dicht an den Rabbi hin und sprach mit starker Stimme: »Warum warst du nicht eingedenk der Mischna der Frommen, die allein in den Herzen der Gerechten geschrieben steht? Bist du darum ein Gerechter ohne Fehl, daß du an den Buchstaben der Vorschrift dich klammerst? Siehe, in der bittersten Not helfen nicht die Meister der Lehre, weder die vorher waren, noch die nachher sein werden, da bist du mit Gott allein und mußt vor ihm erleiden die menschliche Nichtigkeit bis auf den Grund. Wehe dir, daß du geflüchtet bist zu irdischer Hilfe und hast Gottes Angesicht nicht ertragen!«

Und der Prophet wandte sich und ging hinaus ohne Gruß. Rabbi Josuas Kopf aber sank auf den Tisch nieder in bitterster Not, und er erkannte, daß er falsch gewählt hatte.

Rabbi Josua und der Todesengel

Als Rabbi Josua ben Levi alt war – sein Rücken war gekrümmt und seine mageren Finger zitterten an der Buchrolle, auch sanken oftmals seine Augen über der Schrift, daß ein kurzer Schlaf seine Seele hinwegnahm –, da sprach der Heilige, gelobt sei er, zum Todesengel: »Auf, gehe hinab, denn die Zeit meines Sohnes Josua ist gekommen, von der Welt zu scheiden. Aber hüte dich, daß du ihn nicht erschreckest mit furchtbarer Gestalt und harten Gebärden, auch gewähre ihm zuvor jede Bitte außer seinem Leben, denn mein Sohn Josua ist von mir erfunden als ein Gerechter ohne Fehl, so daß all seine Lebenstage kein Regenbogen am Himmel erschienen ist, mich an meine Barmherzigkeit zu mahnen, denn ich erbarme mich über die Welt um seinetwillen.«

Da machte sich der Todesengel auf und fuhr hinab, und er nahm eine ehrwürdige ernste Gestalt an; er klopfte an Rabbi Josuas Kammer und trat hinein und bot ihm den Frieden. Und Rabbi Josua hob seine Augen von der Schrift und sah den Fremden an und erwiderte den Gruß.

Da sprach der Todesengel: »Josua ben Levi, kennst du mich nicht?«

Rabbi Josua antwortete: »Nein, ich kenne dich nicht.«
Und der Todesengel sprach: »Siehe, ich bin der Todesengel, und ich bin von Gott gesandt, deine Seele von dir zu nehmen. Doch will ich milde mit dir verfahren, auch dir vorher jede Bitte erfüllen, außer daß du um dein Leben bittest.«
Rabbi Josua aber wollte nicht sterben, denn die Erde dünkte ihn überaus lieblich und der Schlag seines Herzens in Liebe und Leid vertraut. Ihm bangte, das nahe Klopfen in seiner Brust verstummen zu fühlen. Und er sann, wie er seine Seele vom Tode errette.
Und er sprach zum Todesengel: »Siehe, die Fluren der Erde sind mir überaus lieblich, daß ich nicht von ihnen scheiden mag.«
Antwortete ihm der Todesengel: »Aber der Garten Eden ist noch hundertmal lieblicher, dort soll dein Erbteil sein.«
Sprach Rabbi Josua: »Ich bitte dich, zeige mir vorher den Garten Eden.«
Und sie machten sich zusammen auf und zogen dahin ihres Weges. Da sprach Rabbi Josua: »Ich bitte dich, gib mir dein Schwert zu tragen, denn es erschreckt mich in deiner Hand, und ich fürchte, du möchtest mich unversehens überfallen und töten.«
Da gab ihm der Todesengel das Schwert, und Rabbi Josua nahm es und trug es wie einen Stab. Und sie zogen zusammen dahin über die Fluren der Erde, der Todesengel hochaufgerichtet mit ernstem

Blick, aber Rabbi Josua stützte seine gebückte Gestalt auf das Schwert wie auf einen Stab.
Sie kamen zum Garten Eden, der war von einer Mauer umzogen, und der Todesengel durfte nicht hinein. Er führte Rabbi Josua an die Mauer und ließ ihn hinüberschauen, und siehe, der Garten war überaus lieblich und herrlich, voll Blüten und Reifen, voll Glanz und Schein. Die Frommen saßen da auf goldenen, mit Edelsteinen gezierten Stühlen, oder sie ergingen sich zusammen zwischen den Blumen in weisen Gesprächen, oder sie standen allein in Flammen des Schauens. Und es gefiel Rabbi Josua überaus wohl, daß sein Herz danach begehrte, aber er wollte nicht scheiden von seinem lebendigen Herzschlag, den Gott ihm gegeben hatte, denn er liebte sein Leben wie ein Bräutigam die Braut, ja, wie ein Liebender die Geliebte. Und wenn beide alt werden, der Rücken gebeugt und die Augen matt, auch ist alle Lust erkaltet vor der Hinfälligkeit des Leibes, so mag er doch die Gefährtin nicht missen, die den Weg seiner Liebe und Leiden mit ihm ging, denn seine Seele hängt an ihr. Und Rabbi Josua sann, wie er sein Leben vom Tode errette, und er sprach: »Hebe mich doch auf die Mauer, daß ich alles besser sehen kann, und zeige mir den Platz, an dem ich künftig sitzen werde.«
Der Todesengel hob ihn hinauf und zeigte ihm einen Sessel, der stand unter reichem Fruchtbaum, im Glanz von Gold und Edelsteinen, von bunten Lilien rings umgeben. Und wie er mit seiner kalten Hand

hinwies in das Licht, sprang Rabbi Josua von der Mauer in den Garten und eilte auf seinen Platz zu. Da schrie der Todesengel laut auf und rief: »Komm heraus, denn du machst mich zu einem ungetreuen Knecht, wenn du mir verwehrst, meinen Auftrag zu erfüllen!«

Rabbi Josua aber schwor und sprach: »Bei Gott, von hier will ich nicht weggehen.« Und er setzte sich auf seinen Stuhl und steckte das Schwert in den Boden mitten zwischen die bunten Lilien.

Da eilte der Todesengel hin zu Gott und klagte ihm die Tat. Und der Heilige, gelobt sei er, sprach: »Geh und forsche wohl, ob Rabbi Josua je falsch geschworen oder trügerisch geredet hat, so mag er auch diesen letzten Schwur brechen und den Garten verlassen, daß er sterbe. Aber wenn er sein Lebtag jeden Schwur gehalten, so soll ihm nicht die Erfüllung des letzten verweigert und sein wahrhaftiges Leben verunreinigt werden.«

Da machte sich der Todesengel auf und forschte überall, doch fand er Rabbi Josuas Leben rein und ohne Fehl. Da kehrte er zum Paradies zurück und schaute über die Mauer und sah da Rabbi Josua sitzen im Glanz seines geretteten Lebens; zwischen den bunten Lilien blitzte das Schwert, und der Todesengel rief: »Josua ben Levi, ist mir die Macht über dich genommen, so gib mir doch mein Schwert zurück, denn ich bin ohne es der nutzloseste Knecht Gottes und kann seine Befehle nicht ausführen.«

Er aber sprach: »O wehe! Das warme, das bunte, das liebende und geliebte Leben, das du so kalt würgst! Nein, ich gebe dir dein Schwert nicht zurück, und mit mir sollen alle Menschen gerettet sein.«

Und er behielt das Schwert sieben Jahre, und es starb in der Zeit kein Mensch auf Erden. Aber die Greise, die alt waren, begannen zu klagen und sprachen: »Hat der Tod uns vergessen? Uns ist die Sonne nicht mehr warm und unseren trüben Augen sind die Blumen nicht mehr bunt, auch ist das Herz aller Lust und allen Wirkens müde geworden und sehnt sich nach Ruhe. Was sollen wir noch an diesem Ort?«

Und da ihr Klagen laut wurde, kam es vor den Heiligen, gelobt sei er, und er rief den Engel Gabriel zu sich und sprach: »Gehe in den Garten Eden zu meinem Sohn Josua und sprich zu ihm: Großes hast du getan. Nun aber gib dem Todesengel sein Schwert zurück.«

Der Engel ging hin und fand ihn sitzen, und zwischen den bunten Lilien steckte das Schwert und war voll Rost, und er sprach: »So spricht dein Herr und König: Großes hast du getan. Nun aber gib dem Todesengel sein Schwert zurück.«

Und über der Mauer des Gartens erschien das bleiche Gesicht des Todesengels, und er bat: »Gib mir mein Schwert zurück, denn du hast mich zum Spott gemacht vor allen Knechten Gottes!«

Da sprach Rabbi Josua: »Nun wohl, aber du mußt

mir eins schwören: daß du hinfort, wenn du einem Menschen seine Seele nimmst, ihm nicht mehr dein Schwert zeigst, daß du ihn nicht erschreckst mit grausigem Anblick.«
Da schwor der Todesengel, und Rabbi Josua gab ihm das Schwert zurück. Und er nahm es und fuhr hinab, Gottes Willen zu tun. Rabbi Josua aber blieb sitzen im Paradies zwischen den bunten Lilien, ewig vereint mit seinem geretteten Herzschlag.

In deinen Toren, Jerusalem

Als Jehuda Halevi, der große Dichter, alt wurde, begann ihm das schöne Land Spanien unlieblich zu werden, und immer heftiger entbrannte in ihm die Sehnsucht nach dem heiligen Land seiner Heimat. Ihm war, als müsse sein von Freuden und Leiden müdgehetztes Herz dort Ruhe finden, Ruhe vor dem Kampf seiner Zugehörigkeit zu Gott und der Welt, den er gekämpft hatte mit Tapferkeit, Innigkeit und vielen Niederlagen. Als müsse sein Ringen Erfüllung und Krone finden am Ziel seiner Sehnsucht – in deinen Toren, Jerusalem!
Und da der Wunsch in ihm zu mächtig wurde, beschloß er, ins Heilige Land zu reisen und daselbst für den Rest seiner Tage zu bleiben. Die Stimmen seiner Freunde rieten ihm ab, sie wollten den Geliebten nicht verlieren und glaubten ihm dort keine Erfüllung beschieden, sondern letzte hoffnungslose Bit-

terkeiten der Enttäuschung. Er aber wollte keine Stimme mehr hören als die überlaut verlangende seines Herzens, er nahm Abschied von den weinenden Freunden, küßte zum letztenmal seine Tochter und das unverstehende Enkelkind und schiffte sich ein nach Palästina.

So zog er die Straße seiner Sehnsucht hinaus übers Meer, und das Meer lag rings um ihn, leuchtend in Farben, still und schön und weit wie die fern zurückliegenden Tage seiner hellen Kindheit. Doch als das Schiff auf hoher See war, erhoben sich die Stürme, die Tiefen des Meeres brausten empor und warfen das Schiff in Finsternissen umher – wie die bitteren Wellen der Schmerzen und Nöte, darin seine Jünglingsjahre fast untergegangen waren –, und er saß und weinte aus greisen Augen nieder in die stürzende Flut und flehte: »Verwerft mich nicht, laßt mich heimkommen.« Das Schiff aber konnte im Sturm nicht seinen Hafen gewinnen und landete in Alexandria, und Jehuda Halevi stieg ans Land, um von hier aus seine Reise fortzusetzen.

Als aber die Juden von Alexandria vernahmen, daß der berühmte und beliebte Dichter Spaniens angekommen war, gingen sie ihm entgegen, und Rabbi Aaron, der reichste Mann der Gemeinde, lud ihn in sein Haus. Da umgaben ihn Herrlichkeit und Pracht des Orients, Rabbi Aaron erschöpfte sich in Festen, Ehre und Liebe für seinen Gast, und des Dichters schönheitsfreudige Augen sättigten sich zwischen goldenem Gerät, köstlich bunter Seidenpracht, reich blühenden Gärten und wunderbarer Schönheit, daß er sein strenges und inniges Ziel vergaß. Und wie seine Mannesjahre in Wohlhabenheit gestanden hatten, von Ruhm und Ehre übersonnt, so wurde dieser Aufenthalt in Rabbi Aarons Haus wie ein übersteigertes Spiegelbild davon, in allen Farben heißer und bunter, wie Märchen und Traum überstürzt. Und Widerschein der Jugend rührte an sein alterndes Herz mit Süßigkeit und Unzulänglichkeit der Liebe. Doch zuletzt, wie laut auch die jubelnden Stimmen der Verehrer wurden, wie hell das Lachen der Frauen, wie süß das Lautenspiel und wie rauschend die Musik der Feste – lauter erhob sich die Stimme seiner alten Sehnsucht, das schmerzliche Begehren nach innerster Erfüllung: In deinen Toren, Jerusalem. Und er löste sich aus allen Armen, die ihn haben wollten, nahm Abschied und zog weiter.

Doch war im ganzen Land schon die Ankunft des Dichters bekannt geworden, in den Städten, durch die er kam, eilten ihm die Juden entgegen und luden ihn ein und hielten ihn zurück mit immer neuer Pracht ihrer Feste und Ehren. Da wurde sein Herz bang und aller Schönheit und Herrlichkeit überdrüssig. Gold und Edelsteine verbleichten ihm, aller Rausch der Freude ließ ihn in greisenhaftem Zittern und konnte ihn nicht mehr durchglühen, und er erbebte, daß der Tod ihn ereile, ehe er den Staub Jerusalems geküßt habe. Seine Gastfreunde sahen ihn in all dem Jubel unerfüllt stehen und fragten ihn dringend, welchen Wunsch er noch habe, was sie ihm noch tun könnten? Er aber antwortete ihnen: »Wenn ihr mir noch einen Wunsch erfüllen wollt, so entlaßt mich, daß ich zu meinem Herrn gehe.« Da konnten sie ihn nicht mehr halten, und er eilte seinem Ziele entgegen.

Und eines Tages gingen über ihm die Türme Jerusalems auf wie Sonnen mit goldenem Glanz, und er schritt durchs Tor, bebend in Erregung seines sehnsüchtigen hilfesuchenden Herzens, seine Hände vor sich haltend wie eine zum Empfangen bereite Schale. Da jagte die Straße herauf ein Trupp reitender Araber mit erhobenen flatternden Wimpeln. Ihren kurzen Anruf achtete nicht der Versunkene. Was bedeutete es ihnen, daß unter den Hufen ihrer feurigen Rosse ein jüdischer Greis fiel ... Sein sterbendes Angesicht sank in den Staub, sein Mund lag zum Kuß auf der heiligen Erde –

In deinen Toren, Jerusalem!

Nachwort

Zwischen dem Zeitpunkt, an dem diese »jüdischen Legenden, nacherzählt von Else Schubert-Christaller«, zum erstenmal erschienen sind (Copyright 1929), und dem Datum ihres Wiedererscheinens liegen fünfunddreißig Jahre. Fünfunddreißig Jahre und ein Abgrund, und es kann die Aufgabe dieses Nachworts nicht sein, diesen Abgrund zu überbrücken. Es gibt Abgründe, die man nicht überbrücken soll. Es gibt Daten, die man nicht ausradieren soll aus dem Gedächtnis der Nation: 1. April 1933, 10. November 1938. Es gibt Städtenamen, die man nicht vergessen darf: Theresienstadt, Warschau, Cholm, Auschwitz.

Wer dies nicht so sieht, mit dem reden wir nicht. Man kann über viele Dinge in der Welt verschiedener Meinung sein und man soll dann die verschiedenen Meinungen ruhig und sorgfältig gegeneinander abwägen. *Hierüber* aber ist – im Deutschland von heute – keine Auseinandersetzung möglich: Antisemitismus ist keine Meinung, noch weniger eine Haltung, sondern eine Pest.

Wohl aber beschäftigt uns der Mensch dieser Zeit, der sich darum müht, in dem uralt-viellinigen Antlitz Israels zu lesen, dem daran gelegen ist, das undurchdringliche Geheimnis dieses Angesichts zu verstehen: das Dunkel darin, die Traurigkeit, das klare Licht und das jäh auflodernde Feuer.

Israel: das ist Jesaja und Esra und Gamaliel – Stimme der Prophetie, Eifer der Ordnung, Geduld im Rat. Und ist: Chaim Weizmann, Walther Rathenau und Martin Buber – das Amt der staatsmännischen Verantwortung und die Vollmacht des großen Forschers.

Israel: die gesammelte Aufmerksamkeit, mit welcher ein wortkundig-sprachmächtiges Volk sich dem Recht zuwendet. Die Schriftrolle verzeichnet das Recht, aber die Schriftrolle tritt ins Leben; und beide – das verbriefte Wort und die unmittelbare Erkenntnis – formen ein Urbild in Israel: den Richter.

Israel: die leidenschaftliche Liebe, mit welcher ein zähes, arbeits- und festfreudiges Volk sich dem Hiersein zuwendet, der Sorge um Leben und Gesundheit. »Die Toten werden dich, Herr, nicht loben«: diese bange Einsicht aus dem Wort ihres Psalters und ein starkes Verlangen nach Rüstigkeit und langem Leben formen ein zweites Urbild: den Arzt.

Israel: der unablässige Eifer, dem anvertrauten Zeugnis eine Stätte zu bereiten, Wohnung und Dauer im Herzen der Schüler und Schülersschüler. Und aus Sehnsucht und Treue formt sich ein drittes Urbild in Israel: der Lehrer. Richter aber und Arzt und Lehrer deuten auf die Gestalt, in der sich

ihre Aufgaben vereinigen, auf den Priester. Hier ist das Amt, Göttliches dem Menschlichen, das Menschliche dem Göttlichen nahezubringen.
Ein großes Vertrauen auf die Kraft dieser Urbilder, auf ihre Bedeutung als Vorbilder ist allezeit in Israel wachgeblieben, und in Jahrhunderten der Zerstreuung war dieses Vertrauen eine vielesverbindende Gewalt. Von dieser Bedeutung Bericht zu geben, war die Aufgabe der Legende. Völker, die mitten im Welt- und Machtgeflecht stehen, üben auch in ihrem Schrifttum die breitdahinströmenden Formen: das Epos und die große Erzählung. Israel, der Flüchtling Gottes, auch in der Bedrängnis der Flüchtling *Gottes,* bewahrt die Legende, gemünztes Gold, wie es ein Freund dem Fahrenden in die Hand gibt, ohne groß Aufsehen damit zu erregen: der Fahrende aber weiß lange von einer Münze zu leben und die Zeichen der Inschrift zu lesen weiß er auch. Vom Meister also, vom gotteskundigen, wird berichtet, und was immer ihn auszeichnen kann, wird erzählt, wie Gleichnis und Anekdote zu erzählen vermögen. Von des Meisters Scharfsinn und Treue, von seiner Genügsamkeit im Irdischen und seiner Ungenügsamkeit im Eifer um die Wahrheit, von seiner Redlichkeit und seiner Sorge, von seinem Schweigen und seinem Jubel. Zugleich aber, und viel mehr noch, wird erzählt – Menschenruhm und -ehre heilig begrenzend –, wie Klugheit sich der göttlichen Torheit zu beugen hat, wie dem Eifer die Milde den Sieg abgewinnt, wie Eitelkeit ins Nichts

dahinfährt, wie die Geringen Gottes Freunde heißen und wie die Schönheit des Ewigen alle menschliche Schönheit am Ende doch unendlich übertrifft. So geschieht es in der Legende vom »Pfand«, daß Gottes Hand des Lehrers Hand beben macht und daß zuletzt doch Gottes Wort in des Lehrers Mund von neuem zu leben beginnt. So deutet sich die Legende von »Gottes Gerechtigkeit« als eine Botschaft von der Freiheit der Gnade Gottes und ist nicht unwert, mit Römer im Elften zusammen gelesen zu werden. So rückt die Legende vom »Irdischen Leben« das zur Welt gesprochene Gottesja in das Licht des Abends, und die Legende von der »Mischna der Frommen«, eines der vollkommensten Stücke der Sammlung, führt alle Schriftgelehrsamkeit an jenes Ende, das Gottes Anfang ist.

Keine »schönen Geschichten« sind hier gesammelt, keine »gemütvollen Exempel«; etwas vom Atem des Propheten Elia ist in ihnen, mehr freilich noch vom Atem des Herrn, der an Elia vorüberging, endlich doch nicht in Wind, Beben und Feuer, endlich doch im »sanften, stillen Sausen«.

Es will mir nicht wohlgetan scheinen, eigens von der Schönheit dieser Legenden zu sprechen, so, als wäre diese Schönheit etwas, das ihnen zugekommen wäre als Prunk und Zierat von außen her. Ihre Schönheit ist die Schönheit der Notwendigkeit. Sie sind so, wie sie sein müssen. Und die ihnen innewohnende Wahrheit will so und nicht anders ausgesprochen sein.